快速リーディング　2

柳田国男

船曳建夫 編著

筑摩書房

柳田国男を読もう——私たちの同時代人として

私たちの同時代人

柳田国男は、一八七五年に生まれ一九六二年に亡くなった「昔の人」である。しかし、彼の行ったこと、考えたことは、今、ここに生き続けている。彼が書いたものを読むことは、現在の私たちに、反省とひらめきをもたらす。それは、彼の生きた時代が、もう過ぎ去ったものではなく、私たちと同じものだからである。ちょうど、夏目漱石の小説に描かれている明治の人たちの悩みや問題が、今の私たちがかかえているものと共通しているように、柳田が発見し、論じた日本の文化や社会の特質は、今、この国がかかえている問題の核心に見出される。そのような同時代性が柳田国男の著作にはある。

その時代とは、日本では江戸時代の後期から始まり、現在まだ進行中の、「近代」のことである。人は、その時間のなかでこう考える。昔はのんびりしていたが、今ではすべてのものごとが日に日に加速されている。儀式張った無駄の多いやり方も、どんどん効率的な方法へ、と変わり続けている、と。そして実際、その「今」ですら、いずれ時間が経って振り返るとのんびりした昔、となってしまうのだ。

そこでは、全てが常に、一つの状態からもう一つの別の状態への変化のなかにある、と意識されている。「進歩」、という言葉がキーワードだ。しかし一方で、人は時に、進歩の視点から未来を輝かしくとらえるのではなく、過去を美しく追想したりもする。その場合でも、私たちは必ず、対比される二つの世界や時代の内の、より「新しい」方に自分が属している、と考えるのだ。全てはただ放って置けば古くなり、来るべきものは全て新しいものとして現れるように思える。つまりこの近代という時間の中では、新しくなることを止めるのは無理だ、という考え方に支配されている。

こうしたものとして感じ取られる近代を生きた、過去の偉大な思想家の中で、柳田国男は、私たちにとって、非常に強い同時代性を持つ。柳田と私たちは、柳田がその近代の先頭近くを生き、私たちはその流れの、現在のところ、尻尾に生きている、という関係にある。その「同時代人である」ということが、単に時間的に同じような時代を生きた、という以上の意味を持つことは、柳田と同じように「昔の人」と思える、他の思想家について考えてみればはっきりする。

たとえば、こうした近代の変わり目に生まれた福沢諭吉（一八三五―一九〇一）は、自分の生涯を「一身にして二世を経るが如」しと形容した。彼の仕事の大半は、古い体制を新しいものに変えるための「啓蒙活動」についやされた。彼は近代以前の「ちょんまげ」を着けて生まれ育ち、近代の洋服を着て死んでいった。その変転の経験は、近代の中で生まれ、育ち、生きている私たちからはやや遠いだろう。その下の世代の新渡戸稲造（一八六二―一九三三）は、札幌農学校でクラーク博士の影響を受け、キリスト教徒となり、英語が堪能で、自分自身も米国人の妻を持ったという、西洋化されたという意味では近代人の一つの典型である。内村鑑三なども同じ世代に属する。それもまた、現在の私たちのふつうの生き方からは遠い。

柳田はその次の世代として生まれた。ならば、彼はもっと西洋化されたか、というと、そうではない。柳田が生まれ育った時期は、福沢などによって「近代」というものの「要素」が西洋から移入され、新渡戸たちによって推進され、それが日本の中で発展し始めていたがゆえに、同時に色々な問題をも、もたらし始めていた頃であった。たとえば、日本が社会と経済において近代化を成し遂げていったとき、外国と戦争を起こし、領土を増していったことは、明らかに近代化が成し遂げた「結果」の一つであった。しかし、そのことが、西洋の近代とアジアの後進的な位置の間で、同じアジアを侵略する後発の「アジアの帝国」という、より複雑な近代国家の自意識を作ることとなった。柳田は、そうした時代の子として、前の世代とは違い、その居心地の悪さを鋭敏に意識しながら、それを背負って生きていかなければならなかった。それゆえに、そう簡単に「西洋化」に進むわけにはいかなかったのだ。それは、先に触れた夏目漱石（一八六七―一九一六）と共通する感性と姿勢である。

言ってみれば、一生の内に二世を「経る」のではなく、柳田以降、日本人は、一生涯を通じて、二つの世、伝統と近代、西洋と日本（アジア）を、常に同時に生きなければならない、という問題をかかえたのである。その点で福沢や新渡戸と違い、柳田は私たちにとってより強く同時代人なのだ。つまり、近代化の進行の中で、過去への感性的な愛着と、未来の進歩への理性的な信奉、という異なる二つの価値観を持ち、また、国際的に開かれて行くことへの希望と、この列島の伝統への回帰の願望という、どちらとも決めかねる二つの方向を持ち、そのあいだで何とか「調停」を図ろうとする努力において、柳田は私たちに先駆けて、「近代の日本人」となったのである。

みずみずしい過去

私たちが柳田国男を、今、読もうとする理由もそこにある。彼の著作には、彼が生をうけた近代の初期の、さまざまな社会の変化の様子や、その激変の中にも生き続ける、日本人の暮らしの豊かさと知恵が詰まっている。それらについての柳田の考察の、非常に現実的で、具体的で、ゆっくりとした迫り方は、後の世の、今になって読む私たち「同時代人」が、自分たちの生活や心の難問に立ち向う時に、考え方のヒントとなってくれる。

しかし、柳田国男を自分の考え方の糧として読むためには、この本の最初にあらかじめ注意しておかなければばならないことがある。それは、柳田国男が、たくさんの人に読まれていながら、その読まれ方には偏りがあり、その偏りがそのまま、柳田の正しい読み方、と誤解されている、ということである。偏りとは何か、それを一言で言えば、柳田国男を「民俗学者」、として読んでしまうことである。

柳田国男は民俗学の父と呼ばれている。このことは、ほぼ事実である。しかし、このことは柳田自身が民俗学者だ、ということを必ずしも指してはいない。確実に民俗学者であるのは柳田の「子」たちであって、父である柳田はそうではない。これは屁理屈ではない。弟子や影響を受けた者たちは、柳田がしていること、したことを学んで柳田の流れを汲む民俗学者になったのであるが、柳田自身は、民俗学者になろうと出発したのではない。ただ、彼の人生の半ばに、民俗学という学問が、彼を一人の大きな唱導者として成立して来て、それによって、彼が学問の組織者として、自ら民俗学者としてふるまうようになったということはあった。しかし、彼の仕事の性格はすでに若年の頃より一貫したものとして出来上がっていた。それは、ただ民俗学と呼んで済むものではない。彼が生涯かけて残した、膨大な日本人の生活に関する考察は、民俗学であれ、民族学であれ、全体をとらえてみればそうした学問の牽制や制約からは自由なところに輝く、近代を生きた人間の、「同時代誌」、と読むべきものである。

このことは、彼の書いたものを素直に読めば、わかることなのだが、辞典的な肩書き、「民俗学者」、というものはおそろしく人を迷わすものらしい。誤解の一端はおそらく、そうした「民俗」的なものだけが彼の仕事として、比較的広く伝わっているところにあるからだろう。私はこの本に彼の仕事から、詩歌は別としてジャンルは問わず、その論理的散文の中から、もっとも高い水準の一七本の文章を選び出した。結果は、民俗学という器からあふれ出し、その器を流し去った。

しかしながら同時代とはいえ、彼の生きた期間が今の私たちから時間的に遠いことは、ときに、私たち読者と彼の書いたものとの間に距離を作る。柳田自身がすでに、これは明治以前のもので今は無い、と語る事物は、わたしたちからすでにはるかに遠く、彼がその当時、身の回りにあったものとして語り出す生活の事物ですら、たとえば火鉢や「かごめかごめ」など、おそらく一九六〇年代あたりに日本の社会から姿を消したものだ。その距離は、私たち読者が努力して埋めるしかない。

しかし、くり返しになるが、日本の近代の持つ、今の時代・前の時代、西洋・日本、という二つの間に、いろいろなかたちの調停を行いながら生きなければならない、という、宿命的条件づけは、現今の「グローバルスタンダード」対「日本型システム」、といった問題の立て方にも明瞭に反映されているように、柳田と私たちが共有しているものだ。そうした困難な問題に対して、これまであったものを古びていくものとして捨てるのではなく、しかし幻想的に美化するのでもなく、今ここにある、みずみずしく生き続けるものとして、なつかしさと優しさを持って見つめ、それがどのように未来を作っていくかについて建設的に思考を広げていった柳田国男を読むことは、私たちが現在を生きるために、大きな力となるはずだ。

(テキストについて。この本では柳田の文章を筑摩書房版『柳田国男全集』から収録した。ただし、いわゆる新字新かなづかいにあらためてある。)

快速リーディング2　柳田国男　目次

柳田国男を読もう——私たちの同時代人として——3

第I章　異界を旅する——山人からジェンダーまで

第Ⅱ章　時代を編集する——民俗からモダニズムまで

第Ⅲ章　文字の声を聞く――「国語」からポリフォニーまで

第Ⅳ章　日本を新たにする——国家からヒューマニズムまで

第I章

異界を旅する　山人からジェンダーまで

ログオン

キー・テキスト

遠野物語

山の人生

遊行女婦のこと

ある神秘な暗示

人が狩猟採集の生活から、初めて定着農耕に移ったのは今から約一万五千年前と考えられている。人類はその革命的な食料生産技術の発明によって、飛躍的に多くの人口を養うことが出来るようになり、そこから今の私たちの文明や国家が生まれることとなった。しかし、その定着農耕はまた、生活の単調さ、言ってみれば、人間に退屈さをも同時にもたらした。獲物や採集物を求めて常に移動を行っていた狩猟採集の暮らしから、一カ所にとどまり、住居を建て、よく知った土地を相手に、季節の移り変わりを待ちかまえて、それに対処する、という営みに変わったのだ。

人にとってそのとき、世界は二つに区切られ、自分たちの住む共同体の外は、未知の場所と変わった。その世界は外界というより、私たちの世界とは断絶のある、「異界」と呼ぶほうが性格がはっきりするものであった。そしてそこに住むものを「異人」として区別しながらも、特別の場合には私たちを訪ねてくるもの、と考えることもあったろう。日本の祭に、そうした異人が山の神として一年に一回里に降りてくる、という考え方があることはよく知られている。

そうした民俗、山の神や来訪神について、柳田は数多くの文章を表している。しかし、この章で取り上げたのは、そうした定着生活の祭のサイクルに収まる、年中行事化した異人ではない。この章にあるのは、日常生活に収まりきらない事件、定着ではない移動を業とするもの、そうしたサイクルや境界を越えていく想像力が作り出したものである。たとえば、「遠野物語」や「山の人生」が描き出すのは、秋の刈り入れの後の静かで穏やかな日本の村、といったイメージからは全く遠い、先に述べた定着農耕の単調さを突き破る、異界への出奔とそこからの乱入。そうした事件によって彩られる、生々しい異形の世界だ。

柳田国男はなぜこうしたものを書いたのであろう。それは、彼が、日本という列島社会が、定着した生活を送る人々、たとえば農耕民と、そのあいだを動く別種の人々、サンカや木地師、旅芸人、という二種類の人間によって、成り立っていると、考えたからだ。ただ、柳田の長い生涯の中では、その二つの種類の人々に、常に同等の関心を配分していたのではない。その初期には、移動する人々、山の民や漂泊民、女性への関心が強く、後半生にいたって、論ずる対象は、彼が「常民」と呼んだ定住する人間に比重が強くなった。しかし、自ら無類の旅好きで、成長期に関西から関東へと移り住んだことも影響していると思われるのだが、生涯、彼の思考の中には、人々が移動することで起こる社会のダイナミズムへの注目が消えなかった。そうした移動する人々への強い関心は第四章で扱う、彼の最晩年の、海をわたって移動する人々の、たゆまぬねばり強い営為を見透かす「海上の道」まで一貫している。

彼の想像力はまた、地理的な異界への旅だけではなく、精神の異界への交通も可能とした。柳田は自分が、幼少の頃から異常なる感覚に襲われることを感じながらも、ただそれに蹂躙されるのではなく、感覚を研ぎ澄ましながらも理性をコントロールした。だから、彼は、憑依者のように自ら無分別に語り出すのではなく、かといって、事実を分析して理論を打ち出していくだけでもなく、書物であれ、話し手であれ、その言葉の中に自分が感応するものを探りながら、忍耐強く、そこに異界の意味を読みとろうとする、たぐい稀な読み手、聞き手であった。「遠野物語」での彼の役割はそうしたものであった。

そのような、対象を遠巻きにしながら追いつめていく柳田の方法が、時として、人間の生の奥深いところにあるものを、直接なまのまま露出させることを避けているように思えて、もどかしくなることがある。たとえば「遊行女婦のこと」の中の性的なことがらの扱い方は、ずい分と持って回ったようだが、これでも柳田としては直接的な方なのだ。しかし、そうした抑制は彼によって取られた意識的な戦略であった。詩歌という「文芸」での表現を青年期に捨てた柳田は、自身の鋭敏な心の揺れが時には逸脱するのを抑えながら、それを押しつぶすことなく、むしろそうした心の感応を生かしていく「学問」を見つけようとした。その最初の回答が「遠野物語」であり、「ある神秘な暗示」は、それが人生の終着点から逆に創り上げた柳田の自分自身に対する完結的な物語であったとしても、彼が生涯をかけた異界との交渉の出発点を鮮かに明示している。

柳田国男を開く

キー・テキスト

遠野物語

遠野出身の佐々木喜善からの聞き書きである『遠野物語』は、推敲を重ねた末に、一九一〇年に出版された。わずか三五〇部。しかし、この書がその後に残した影響は巨大である。もとよりこれは、山から湧き出した、濃密な闇をふくんだ、「日本」の物語の原液である。若い柳田自身、この物語に震えた。奮い立った柳田は、出奔した女たちのように、『遠野物語』を飛び板にして、国家の書記官の職を辞して、「近代」の書記となる。この物語の、多くの人々を揺り動かし、今でも私たちの心を震撼させるその力はどこに？

三　山々の奥には山人住めり。栃内《とちない》村和野《わの》の佐々木嘉兵衛と云う人は今も七十余にて生存せり。此翁若かりし頃猟をして山奥に入りしに、遥かなる岩の上に美しき女一人ありて、長き黒髪を梳《くしけず》りて居たり。顔の色極めて白し。不敵の男なれば直に銃《つつ》を差し向けて打ち放せしに、弾《たま》に応じて倒れたり。其処に馳け付けて見れば、身のたけ高き女にて、解きたる黒髪は又そのたけよりも長かりき。後の験《しるし》にせばやと思いて其髪をいささか切り取り、之を綰《わが》ねて懐《ふところ》に入れ、やがて家路に向いしに、道の程にて耐《た》え難く睡眠を催しければ、暫く物陰に立寄りてまどろみたり。其間夢《ゆめ》と現《うつつ》との境のようなる時に、是も丈《たけ》の高き男一人近よりて懐中に手を差し入れ、かの綰ねたる黒髪を取り返し立去ると見れば忽ち睡は覚めたり。山男なるべしと云えり。

○土淵村大字栃内

四　山口村の吉兵衛と云う家の主人、根子《ねっこ》立《だち》と云う山に入り、笹を苅りて束《たば》と為し担《かつ》ぎて立上らんとする時、笹原の上を風の吹き渡るに心付きて見れば、奥の方なる林の中より若き女の稚児《おさなご》を負いたるが笹原の上を歩みて此方へ来るなり。極めてあでやかなる女

猟をして山奥に入りしに
山に入るのは「猟」、「笹を刈り」、「茸採り」、「栗を拾い」と、テキストにはあるが、他に、山菜採り、薪採りなど、いずれも、村での農耕の外にある仕事だが村の生活に欠かせない。それら生活に不可欠な仕事をしている時に、村の外にいる山人に出会う。山人に会うことは頻度は別として、異常なことではなく、不可避なこと。

にて、これも長き黒髪を垂れたり。児を結《ゆ》い付けたる紐《ひも》は藤の蔓にて、著たる衣類は世の常の縞物なれど、裾のあたりぼろぼろに破れたるを、色々の木の葉などを添えて綴《つづ》りたり。足は地に著《つ》くとも覚えず。事も無《な》げに此方に近より、男のすぐ前を通りて何方へか行き過ぎたり。此人は其折の怖ろしさより煩《わずら》い始《はじ》めて、久しく病みてありしが、近き頃亡《う》せたり。

○土淵村大字山口、吉兵衛は代々の通称なれば此主人も亦吉兵衛ならん

五　遠野郷より海岸の田ノ浜《たのはま》、吉利吉里《きりきり》などへ越ゆるには、昔より笛吹峠《ふえふきとうげ》と云う山路あり。山口村より六角牛《ろっこうし》の方へ入り路のりも近かりしかど、近年此峠を越ゆる者、山中にて必ず山男山女に出逢うより、誰も皆怖ろしがりて次第に往来も稀になりしかば、終に別の路を境木峠《さかいげとうげ》と云う方に開き、和山《わやま》を馬次場《うまつぎば》として今は此方ばかりを越ゆるようになれり。二里以上の迂路なり。

○山口は六角牛に登る山口なれば村の名となれるなり

六　遠野郷にては豪農のことを今でも長者と云う。青笹村大字糠前《ぬかのまえ》の長者の娘、ふと物に取り隠されて年久しくなりしに、同じ村の何某と云う猟師、或日山に入りて一人の女に遭《あ》う。怖ろしくなりて之を撃たんとせしに、何おじでは無いか、ぶつなと云う。驚きてよく見れば彼の長者がまな娘なり。何故にこんな処には居るぞと問えば、或物に取られて今は其妻となれり。子もあまた生《う》みたれど、すべて夫《おっと》が食い尽して一人此の如く在り。おのれは此地に一生涯を送ることなるべし。人にも言うな。御身も危うければ疾《と》く帰れと云うままに、其在所をも問い明らめずして遁げ還れりと云う。

○糠の前は糠の森の前に在る村なり糠の森は諸国の糠塚と同じ遠野郷にも糠森糠塚多くあり

これも長き黒髪を垂れたり
村の女はたとえ髪が長くとも垂らしてはいない。結っている。山の女はそうしない。また、髪は一生を通じて伸びる。それは人間の持つ生物学的自然性。それに、人間の持つ文化的意味、活力、性、を与えることは、多くの文化における定番のシンボル化。山の持つ活力と、山の女の、「遊行女婦」にも通じる別種の性、がここにある。

吉里吉里
井上ひさしの小説、『吉里吉里人』の題名ともなっている、実在の地名。

七　上郷村の民家の娘、栗を拾いに山に入りたるまま帰り来らず。家の者は死したるならんと思い、女のしたる枕を形代《かたしろ》として葬式を執行《とりおこな》い、さて二三年を過ぎたり。然るに其村の者猟をして五葉山《ごようざん》の腰のあたりに入りしに、大なる岩の蔽いかかりて岩窟のようになれる所にて、図《はか》らず此女に逢いたり。互に打驚き、如何にしてかかる山には居るかと問えば、女の曰く、山に入りて恐ろしき人にさらわれ、こんな所に来たるなり。遁げて帰らんと思えど些《いささか》の隙《すき》も無しとのことなり。其人は如何なる人かと問うに、自分には並《なみ》の人間と見ゆれど、ただ丈《たけ》極めて高く眼の色少し凄《すご》しと思わる。子共も幾人か生みたれど、我に似ざれば我子には非ずと云いて食《くら》うにや殺すにや、皆何れへか持去りてしまう也と云う。まことに我々と同じ人間かと押し返して問えば、衣類なども世の常なれど、ただ眼の色少しちがえり。一市間《ひといちあい》に一度か二度、同じようなる人四五人集り来て、何事か話を為し、やがて何方《どちら》へか出て行くなり。食物など外より持ち来るを見れば町へも出ることならん。かく言う中《うち》にも今にそこへ帰って来るかも知れずと云う故、猟師も怖ろしくなりて帰りたりと云えり。二十年ばかりも以前のことかと思わる。

○一市間は遠野の町の市の日と次の市の日の間なり月六度の市なれば一市間は即ち五日のことなり

八　黄昏《たそがれ》に女や子共の家の外に出て居る者はよく神隠しにあうことは他《よそ》の国々と同じ。松崎村の寒戸《さむと》と云う所の民家にて、若き娘梨の樹の下に草履《ぞうり》を脱《ぬ》ぎ置きたるまま行方を知らずなり、三十年あまり過ぎたりしに、或日親類知音の人々其家に集りてありし処へ、極めて老いさらぼいて其女帰り来れり。如何にして帰って来たかと問えば、人々に逢いたかりし故帰りしなり。さらば又行かんとて、再び跡を留めず行き失せたり。其日は風の烈しく吹く日なりき。されば遠野郷の人は、今でも風の騒がしき日には、きょうはサ

老いさらぼいて其女帰り来れり
老いての帰還。菊池寛『父帰る』よりは、突拍子もないが、英国の詩人コールリジの物語詩『老水夫行』を思い起こさせる。そこに出てくる水夫は、アホウドリを殺した罪により、海上に遍歴を重ねるのだが、この超自然的な詩の冒頭の、婚礼の場における老水夫の姿がこのサムトの婆と重なる。自然の力によってさらわれた老水夫が、人間的つながりの源泉である、親族の集まりの場に現われる。

ムトの婆《ばば》が帰って来そうな日なりと云う。

九　菊池弥之助と云う老人は若き頃駄賃《だちん》を業とせり。笛の名人にて、夜通《よどお》しに馬を追いて行く時などは、よく笛を吹きながら行きたり。ある薄月夜《うすづきよ》に、あまたの仲間の者と共に浜へ越ゆる境木峠を行くとて、又笛を取出して吹きすさみつつ、大谷地《おおやち》と云う所の上を過ぎたり。大谷地は深き谷にて白樺《しらかんば》の林しげく、其下は葦など生じ湿《しめ》りたる沢なり。此時谷の底より何者か高き声にて面白いぞーと呼わる者あり。一同悉く色を失い遁げ走りたりと云えり。

○ヤチは**アイヌ**語にて湿地の義なり内地に多くある地名なり又**ヤツ**とも**ヤト**とも**ヤ**とも云う

一〇　此男ある奥山に入り、茸《きのこ》を採るとて小屋を掛け宿《とま》りてありしに、深夜に遠き処にてきゃーと云う女の叫声聞え胸を轟かしたることあり。里へ帰りて見れば、其同じ夜、時も同じ刻限に、自分の妹なる女その息子《むすこ》の為に殺されてありき。

一一　此女と云うは母一人子一人の家なりしに、嫁《よめ》と姑《しゅうと》との仲悪しくなり、嫁は屢《しばしば》親里へ行きて帰り来ざることあり。其日は嫁は家に在りて打臥して居りしに、昼の頃になり突然と悴《せがれ》の言うには、ガガはとても生《いか》しては置かれぬ、今日《きょう》はきっと殺すべしとて、大なる草苅鎌を取り出し、ごしごしと磨《と》ぎ始めたり。その有様更に戯言《たわむれごと》とも見えざれば、母は様々に事を分《わ》けて詫《わ》びたれども少しも聴かず。嫁も起出で泣きながら諫《いさ》めたれど、露従《つゆしたが》う色も無く、やがては母が遁《のが》れ出でんとする様子《ようす》あるを見て、前後の戸口を悉く鎖《とざ》したり。便用に行きたしと言えば、おのれ自ら外より便器を持ち来りて此《これ》へせよと云う。夕方にもなりしかば母も終《つい》にあきらめて、大なる囲炉裡《いろり》の側《かたわら》にうずくまり只泣きて居た

今日はきっと殺すべし
こうした事件があった、ということ以上に、この「べし」がどこから来たか、の謎に私たち読者は引きずり込まれる。「べし」のあとには、殺すものに聴く耳はない。殺人そのものより、善悪、損得の判断を越えたものがここにあると見え、それに私たちは戦慄する。

り。悴《せがれ》はよくよく磨《と》ぎたる大鎌を手にして近より来り、先ず左の肩口を目掛けて薙《な》ぐようにすれば、鎌の刃《は》先炉《さきろ》の上《うえ》の火《ひ》棚《だな》に引掛《ひっか》かりてよく斬《き》れず。其時に母は深山の奥にて弥之助が聞き付けしようなる叫声を立てたり。二度目には右の肩より切《き》り下《さ》げたるが、此《わた》にても猶死《しにた》絶えずしてある所へ、里人《さとびと》等驚きて馳付《はせつ》け悴を取抑《とりおさ》え直に警察官を呼《よ》びて渡したり。警官がまだ棒を持ちてある時代のことなり。母親は男が捕《とら》えられ引き立てられて行くを見て、滝のように血の流るる中より、おのれは恨も抱《いだ》かずに死ぬるなれば、孫四郎は宥《ゆる》したまわれと言う。之を聞きて心を動《うご》かさぬ者は無かりき。孫四郎は途中にても其鎌を振上げて巡査を追い廻しなどせしが、狂人なりとて放免せられて家に帰り、今も生きて里に在り。

○**ガガ**は方言にて母ということなり

九一　遠野の町に山々の事に明るき人あり。もとは南部男爵家の鷹匠なり。町の人綽名《あだな》して鳥御前《とりごぜん》と云う。早地峰、六角牛の木や石や、すべて其形状と在所《ありどころ》とを知れり。年取りて後茸《きのこ》採りにとて一人の連と共に出でたり。この連の男と云うは水練の名人にて、藁と槌とを持ちて水の中に入り、草鞋を作りて出て来ると云う評判の人なり。さて遠野の町と猿ケ石川を隔つる向山《むけえやま》と云う山より、綾織村の続石《つづきいし》とて珍しき岩のある所の少し上の山に入り、両人別れ別れになり、鳥御前一人は又少し山を登りしに、恰も秋の空の日影、西の山の端より四五間ばかりなる時刻なり。ふと大なる岩の陰に赭《あか》き顔の男と女とが立ちて何か話をして居るに出逢いたり。彼等は鳥御前の近づくを見て、手を拡《ひろ》げて押戻すようなる手つきを為し制止したれども、それにも構《かま》わず行きたるに女は男の胸に縋るようにしたり。事のさまより真の人間にてはあるまじと思いながら、鳥御前はひょう

きんな人なれば、戯れて遣らんとて腰なる切刃《きりは》を抜き、打ちかかるようにしたれば、その色赭き男は足を挙げて蹴たるかと思いしが、忽ちに前後を知らず。連なる男は之を探《さが》しまわりて谷底に気絶してあるを見付け、介抱して家に帰りたれば、鳥御前は今日の一部始終を話し、かかる事は今までに更になきことなり。おのれは此為に死ぬかも知れず、外の者には誰にも言うなと語り、三日程の間病みて身まかりたり。家の者あまりに其死にようの不思議なればとて、山臥のケンコウ院と云うに相談せしに、其答には、山の神たちの遊べる所を邪魔したる故、その祟をうけて死したるなりと言えり。此人は伊能先生なども知合なりき。今より十余年前の事なり。

九二　昨年のことなり。土淵村の里の子十四五人にて早地峰に遊びに行き、はからず夕方近くなりたれば、急ぎて山を下り麓近くなる頃、丈の高き男の下より急ぎ足に昇り来るに逢えり。色は黒く眼《まなこ》はきらきらとして、肩には麻かと思わるる古き浅葱《あさぎ》色《いろ》の風呂敷にて小さき包を負いたり。恐ろしかりしかども子共の中の一人、どこへ行くかと此方より声を掛けたるに、小国さ行くと答う。此路は小国へ越ゆべき方角には非ざれば、立ちとまり不審する程に、行き過ぐると思う間もなく、早見えずなりたり。山男よと口々に言いて皆々遁げ帰りたりと云えり。

どこへ行くか
どこへ行くのだろう、という子供たちの問いかけは、その男に向けられた疑問ではなく、「どこ」か遠いところがあることへの憧れからなっている。これとは少し離れているようだが、世界のいろいろな場所でのあいさつの言葉の中に、元気か、今日はよい天気だ、といったものと並んで、どこに行くのか、というのがある。

柳田国男への
最短アクセス

「山」が孕んだ近代もある

日本は海に浮かぶ山の中にある

日本列島を旅行すると、集落は山沿いにあることが多く、人々が生活するところは平地でも、ぐるりと見回せば、必ず視界に緑の山がある。人の住みかは山の中にあるか、そうでなければ、裏山を控え持っている。ただし、ここでいう山とは、険しい頂を持つ山岳、という意味に限定しない。時としてそこに入ることもあるが、ふだんは生活圏の外にある、木や草が生い茂る場所のことである。田や畑の脇を歩いていて、道が上がり気味になったと思うと、そこからふと暗い林に入る、それが山である。確かに、近世以降、それまでは洪水が常であった大きな河川の治水が進み、人々が広い平野に多く住むようになり、現在では基盤整備された水田の広がりを見ていると、人はもともと平野に住み、山はそこから離れた存在のように思えてしまう。しかし、地理的な空間とは別に、生活空間の要素として、日本の村の生活には「山」がある。江戸時代、都市民の生活にも、山岳信仰が強くあった。

こうしたことが、ほぼ日本全般について言えるのは、その地形的成り立ちにも理由がある。大平洋の島々は、その成り立ちと形状から、二つのグループ、珊瑚礁からなる「低い島」と、火山活動からなる「高い島」に分けられるのだが、そこに含まれる日本列島の基本的な成り立ちは、その典型が四二〇六メートルの最高峰を持つハワイの島々のように、山がそのまま海に沈んだ「高い島」の内に入る。日本列島は海に浮かぶ山なのである。

さて、この「遠野物語」について、あなたはどんなイメージを持っていただろうか。まずその遠野とは奥深い山の中にある小さな村、とは思っていなかっただろうか。実は「遠野物語」の最初は、遠野は「平地なり」という文章から始まる。正確には、「遠野郷は今の陸中上閉伊郡の西の半分、山々にて取囲まれたる平地なり。」そしてさらに、「……遠野町は即ち一郷の町場にして、南部家一万石の城下なり。(中略)山奥には珍しき繁華の地なり」とある。何のことはない、私たちの多くが住んでいる、「繁華な」「平地」なのだ。

しかしながら、その遠野が「山々に取り囲まれ」ている、と表現されていることが、重要な点である。物語は、そうした取り囲む山々があって生まれる。平地、言いかえれば人の住むところである里と山とが一つとなって、生活する世界が成り立ち、その二つの間に起きることが物語となって、語り伝えられる。だから、この「遠野物語」は、獅子踊りの歌謡を末尾として、番号の振られた一一九個の挿話からなるが、その内、多くの話の場面は山の中になっている。柳田が序文に「願わくは之を語りて平地人を戦慄せしめよ」と書いたときの「之」とは平地人に向かって語られる「山の話」である。

その山の話の中でも中心となるのは第三番の冒頭の文章、「山々の奥には山人住めり」にある山人、山に住む異形の人々である。そして、その中でもとりわけ読者の心をとらえるのは、ここに挙げた六、七、八番の挿話にもある、女たちの話であろう。あるいはさらわれ、あるいは自ら出奔し、平地を離れていず方となく消えたのちに、再び見出された、哀れな姿の女たち。元の家に戻ろうという誘いに、さらった者たちの目をくらまして逃れることは出来ない、として、還ることを拒む者。また、一度は自分から戻ってきたものの、再び山の方へ立ち去っていく者。

しかし、これらの話は、果たしてそうした人さらいにあった者の悲劇、または「異界」の者と結婚をして帰れなくなった「異類婚」の変形として、そこに「山の話」の深さだけを感じとればよいのだろうか。これらの話をそれが語られている平地の生活を入れた視界の中で読み直せば、そこに共通する、「逃れられない」、という要素は、むしろ平地の話、ふつうの女が家を離れ、他家に嫁として入ったらそこから逃れられないこと、を逆転させた表現と見えてくる。つまり、結婚をして出ていくものとしても、また結婚によって入ってきたものとしても、家の中で、権利の弱い、重い労働を課された女たちが、むしろ何かの理由で家を逃れて、山に入ってしまう。再び見つかったとき、女は元の家に帰ることを、出来ない、と拒否する。しかし、その出来ない、という言葉の底には、家から出奔した彼女たちの「自発性」が潜んでいないだろうか。発見された女たちが、山の生活のつらさを語り、出てきた家への愛着を示す中にも、里の家でのつらかった生活が表れていて、そうした引き裂かれた感情に、読む側の感傷も深くなる。

逆に、山で会う男たちは、大きく強く、哀れとは見えない。挿話の三や、九一、九二の山の男たちは、山の暮らしに自信を持っているようだ。山の男との出会いでは、平地の人間が気圧されてしまう。こうした男たちは実際、どういう人々だったのだろう。これまで述べてきたことから言えば、それは、定住者の間を移動する人々であり、定住者より広い世界を知り、多くの情報を持ち、そして、ある意味では、自由な人々、ということになろう。

しかし、そもそも「実際」などという、物語の裏の「事実」を探ろう、というようなことは、神話を歴史の事実と取り違えたりすることのようではないか。いや、この場合は少し違うだろう。なぜなら、「遠野物語」の挿話には、「二十年ばかりも以前」、「昨年のことなり」といった言葉で現在からの時間的距離が書き込まれ、登場人物についても、「今も七十余にて生存せり」とその実在が示されているのだ。このことは一体何を意味するのだろう。

語り継がれる実話

遠野を、ただうら寂れた「山奥の僻地」と想像してしまう誤解とともに、もう一つの陥りやすいあやまちは、この柳田の著作を、「昔話」の一つである、ととらえてしまうことだ。「遠野物語」というネーミング、そして、なぜか河童とザシキワラシの話が喧伝されて、「遠野物語」は民話集、日本昔話の類と取られているのだ。

「遠野物語」の迫力と神髄は、昔話ではなく今の話、「実話」であるところにある。多くの挿話に、それがいつ起きたことか、その人物がどのような人であったか、が明記されていることで、その実在性が表わされている。つまりその話は、今も村の人々の記憶に生きて語られている。ぼかされている、としたら、それは村の中で、その話にある事実をはっきり明かすことの差し障りを考えてのことなのであって、そのことはかえって、その実在性を裏付けるだろう。だから、たとえば七番の女の話にある「二十年ばかりも以前」という記述は、そのまま、佐々木喜善が自分の出身の遠野の話を柳田に語って聞かせた一九〇八年(明治四一年)から換算して、一八九〇年頃のことと考えてよい。

先に、女たちがさらわれた事件は実は女たちの自発的逃走の逆転の表現ではないか、と書いたが、八番の話の「梨の樹の下に草履を脱ぎ置きたるまま行方を知らずなり」というのは文字どおりの覚悟の家出であって、それはそのまま女たちの出奔の記録なのだ、ということが素直に読みとれる。この読み方からは、これらの女たちの逃走が、明治という時代になってから起きた、「近代」の性格を帯びた事件であることが予想されてくる。

そうだとすると、山の女の話も男の話も、遠野の町の奥深い山の中だけの話としてではなく、遠野から山を越した外部世界、遠野に学校や鉄道、新しい経済をもたらした「近代」とのやりとりと読めないだろうか。言い換えれば、女たちは、中世や古代を抱えた過去の世界である山に入っていったのか、または山を通り抜けて、新しい近代の方へ向かっていったのか、という問いが試みられてもよい、ということだ。日本の近代は西洋的なるものとの「全取っ替え」としては成立しなかった。平地とのやり取りの中で、「山」が孕んだ日本の近代もあるのだ。

山の男たちの姿にも「近代」は読みとれよう。その移動の様子と自信に満ちた態度は、遠野を取り囲んで渦巻く近代の動きの中のものと読める。「遠野物語」を、時間が止まった山奥のおとぎ話ではなく、明治にいたって、変化が加速した近代の中で、小さな生活圏が外部と関わる中でさまざまに生み出した物語の集積と読んでみよう。

こうした読み方、「遠野物語」を私たちの同時代の話として読むこと、それは実時間的にも同時代にあった柳田にとっては当然のことであったとしても、私たちには少しむずかしい。そのことを可能とさせるための手がかりの例を二つ挙げてみよう。

一つは、こうした実在の物語を今でも聞くことがある、ということだ。私自身、同じ東北の庄内地方の調査で、経済的苦境に耐えかねて家出をした一家の主人が、夜、家に戻ってきて水を飲んでいる「ぴちゃぴちゃ」という物音を、その家の祖母が聞きつけたのだが、それはその男の霊だったようで、ちょうどその頃、山に逃れたその男は自殺を図っていた、といった話を聞いたことがある。ここにあるのは、高度経済成長の加速が農村に「破産」をもたらし、それによってある男が山へ圧し出された、という現在の「山の物語」であり、そこに見られるのは、山の中で男が最後に願ったのは、里の家に戻って水を飲むことだったという、山と平地の持つ構図である。こうした物語は、誰にでも、身の回りで伝え聞く話の中に、見出すことが出来るのではなかろうか。一九九七年の神戸の小学生の殺害事件の報道の中で、「タンク山」という言葉が、郊外のとりわけ明るい平らな家並みの背後の、もうひとつの世界を指し示している、と感じたのは、私だけではなかろう。

もう一つの手がかりは、「遠野物語」の現在が遠い過去のように思えて、それは自分という生がこれまで持った「過去の時間」を尺度にして計ると、実感の範囲内に入ってくる、ということである。私の場合だったら、自分が生まれた一九四八年から今までの五十二年間という時間を、逆にさかのぼると、一八九六年、日清戦争直後となり、こうした気付きは、「遠野物語」を、実感として同時代の話にしてくれる。つまり、自分の生まれた年（一九四八年）にコンパスの針を当て、現在（二〇〇〇年）を通過する円を描き、それが過去のどの時点を通過するかを見てみようという方法である。この方法は「遠野物語」と限らず、過去の歴史的事件を、自分の生活時空に近づけてくれる。

この方法を取ると、たとえばこの本の読者が、私よりはるかに若い二十歳、一九八〇年生まれだとしても、これまでの時間をさかのぼれば、一九六〇年、すなわち、高度経済成長がスタートして、3DKといった現在の生活空間が始まった重要な時期にまでさかのぼることが出来、もしその読者が七〇歳になれば、その二〇五〇年には、一九八〇年に針を置いたコンパスは、一九一〇年（！）、ちょうど、この「遠野物語」が書かれた時点にまで達する円を描くことができるのである。ある人にとっての同時代とは、その人の生の時間を起点とする、想像力のコンパスによって描かれた、未来と過去にまたがる円となりうるのだ。

日本の近代の書記

柳田の、書く人としての生活は、幼少期の詩文から始まるが、日本の近代を生活の宇宙の内部から書き記す、という彼の膨大な仕事の出発点は、この「遠野物語」である。そしてこの著作には彼のその後の作業の方法の性格がよく表れている。そのことは本書に収録されている他の文章における柳田の態度と方法にも当てはまる。

まず、柳田は、歴史学者のように、すでに書かれた文章やテキストだけを用いるのではなく、むしろ観察やインタビューによって得られたことがらや知識を中核の資料として叙述、論証を行う。「遠野物語」も佐々木喜善という遠野出身者の語るところの聞き書きである。これは文化人類学者やドキュメンタリー作家の手法に似ている。

しかし、違いも明らかである。遠野に語り継がれている話は直接自分で採集したのではなく、柳田はすでに「採集」を行っていた者から聞いたのである。こうした現場と柳田の間に、採集者や報告者という働きをする者がいるのは、その後の柳田の仕事のスタイルでもある。実際に現場に出向いた場合もあるが——この「遠野物語」でも、話を聞いた翌年訪ねていっているのだが——その社会を、文化人類学者のフィールドワークにおける「参与観察」、つまりそこの人の生活に加わって内側からの視点を自分のものにしながら資料の収集につとめる、という仕方でとらえることはしなかったのだ。

だからといって、柳田と現場の距離がそのまま柳田の議論と「真実」とのあいだの乖離を作ってしまった、といっているのではない。現地で暮らしたからといって内側からの視点が保証されるわけではないし、柳田のその後の、全国から寄せられた報告に基礎を置く論証に、内側からの視点が常に欠けているということでもない。彼の洞察力はそうした距離を保っているからこその輝きがあるのは言うまでもない。ただ、対象とのあいだに持った距離は、柳田の描く「日本」を、目の前に開けた景色のように、変化はあるものの、相違よりは連続性の強い一つのまとまりとしてとらえることを促したといえる。「遠野物語」はある一地域の物語でありながら、この日本列島に住む人々にとっての「山」一般の持つ意味を明らかにしようとしている。

そして同時にこのこと、日本の内部にある、共有性を強調することは、その外部との異質性をも強調することを伴う。「遠野物語」の序文の献辞、「此書を外国に在る人々に呈す」の「外国に在る人々」の意味は多重的であろうが、ふつうの意味でとらえれば、外国人、そして外国在住の日本人である。異質性の強調は、そうした人々に対し日本独自のものを提出する、という、挑戦的ですらある、トーンで書かれていることにも見られるだろう。この、日本内部の共有性と外部との異質性は、「柳田学」の際だった特徴である。そしてこの「外部」が何であるか、はまた後の文章で考えてみよう。

こうして何かにかりたてられるように、柳田は、まさに膨大といえる量の著述をおこなうのであるが、彼が最晩年、自分の全集の編纂作業の場所をおとずれ、すでにその中には自分で書いたことを忘れているものもあるような文章群を前にして、「さみしかったんだね」とつぶやいた、というのは示唆的である。何がさみしくてそんなにまで書いたのか、ということは、柳田という人に関しての問いであるが、それに答えようとすると、個人を越えた、明治以来の日本の過ごした近代、「変化の時間」のあり方についての評価にもつながって来る。

柳田の変化を語る口調は、時に皮肉な、また慨嘆する口調であっても、決して、反近代主義者としての変化の否定ではない。目の前の変化を批判しながらもその中に入っていく、という生き方、それは私たちの大部分が多かれ少なかれ取っている、または取らざるを得ない、と感じているものだ。そして、柳田がそうであるように、変化が私たちの生活を豊かにしてくれることを肯定する気持ちもある。しかし、私たちが、変化の善悪とは別に、その速度に、思わず立ち止まることがある。また、その変化の「加速」の度合いに、ついていけない、と感じるときがある。深いさみしさはそこから来る。古い昔を懐かしむのではなく、自分自身の変化の加速に呆然とする一瞬である。柳田は、その意味では、一生その加速に遅れることなく走り抜けたランナーである。それが出来ただけにさみしかったと言えよう。その速度に随伴することで、日本の近代の書記の役目を果たし続けた。

最後に一つ、柳田の読み方の小さなコツ。「遠野物語」のような文語文はとくにそうであるが、ゆっくりと頭の中で音読しながら読む。文語文は書き言葉でありながら、むしろ、音読のリズムを重視した文章である。そのリズムに乗れば、自ずと意味も取りやすい。このことは柳田の他の文章にもいえることであり、第III章で詳しく書くことになる。

キー・テキスト

山の人生

一九二六年の出版。前年に『アサヒグラフ』で連載されていたとき、よくわからない、と批評された、という。この本の全体は、神隠しや鬼や、巨人、といった、『遠野物語』に出てくるようなことがらを現在の報告に、また書かれた資料に求めて考察したものだが、たしかに、どこに向かっていくかわからず、錯綜して終わっている。しかし、ここに引いたテキストは、そうした考察の序章の位置を占めていて、その考察の「動機」、柳田学の原点がなんであったか、ということについては、まことに直截に示している。柳田は、いつも発想と動機が、クリスタルガラスのように明晰だ。

山に埋もれたる人生ある事

今では記憶して居る者が、私の外には一人もあるまい。三十年あまり前、世間のひどく不景気であった年に、西美濃の山の中で炭を焼く五十ばかりの男が、子供を二人まで、鉞《まさかり》で斫り殺したことがあった。

女房はとくに死んで、あとには十三になる男の子が一人あった。そこへどうした事情であったか、同じ歳くらいの小娘を貰って来て、山の炭焼小屋で一緒に育てて居た。其子たちの名前はもう私も忘れてしまった。何としても炭は売れず、何度里へ降りても、いつも一合の米も手に入らなかった。最後の日にも空手で戻って来て、飢えきって居る小さい者の顔を見るのがつらさに、すっと小屋の奥へ入って昼寝をしてしまった。

眼がさめて見ると、小屋の口一ぱいに夕日がさして居た。秋の末の事であったと謂う。二人の子供がその日当りの処にしゃがんで、頻りに何かして居るので、傍へ行って見たら、一生懸命に仕事に使う大きな斧を磨いで居た。阿爺《おとう》、此でわしたちを殺して呉れと謂ったそうである。そうして入口の材木を枕にして、二人ながら仰向《あおむ》けに寝たそうである。それを見るとくらくらとして、前後の考も無く二人の首を打落してしまった。それで自分は死ぬことが出来なくて、やがて捕えられて牢に入れられた。

此親爺がもう六十近くなってから、特赦を受けて世中へ出て来たのである。そうして其からどうなったか、すぐに又分らなくなってしまった。私は仔細あって只一度、此一件書類を読んで見たことがあるが、今は既にあの偉大なる人間苦の記録も、どこかの長持の底で蝕ばみ朽ちつつあるであろう。

○

又同じ頃、美濃とは遥かに隔たった九州の或町の囚獄に、謀殺罪で十二年の刑に服して居た三十余りの女性が、同じような悲しい運命の下に活きて居た。ある山奥の村に生れ、男を持ったが親たちが許さぬので逃げた。子供が出来て後に生活が苦しくなり、恥を忍んで郷里に還って見ると、身寄りの者は知らぬうちに死んで居て、笑い嘲ける人ばかり多かった。すごすごと再び浮世に出て行こうとしたが、男の方は病身者で、とても働ける見込は無かった。

大きな滝の上の小路を、親子三人で通るときに、もう死のうじゃ無いかと三人の身体《からだ》を、帯で一つに縛り附けて、高い樹の隙間から、淵を目掛けて飛込んだ。数時間の後に、女房が自然と正気に復った時には、夫《おっと》も死なかったものと見えて、濡れた衣服で岸に上って、傍の老樹の枝に首を吊って自ら縊れて居り、赤ん坊は滝壺の上の梢に引懸って死んで居たという話である。

斯うして女一人だけが、意味も無しに生き残ってしまった。死ぬ考も無い子を殺したから謀殺で、それでも十二年までの宥恕があったのである。此のあわれな女も牢を出て

仔細あって只一度、
一九〇二年、柳田は、法制局参事官になり、特赦にふさわしい事例を探す仕事として、こうした事件の記録を読んでいたのだ。こうした仕事は「皆の嫌う仕事」であったが、「文字を早く読むことに馴れていたので」苦にならなかった、と記している。

謀殺罪
一時的な激情からでない計画的な殺人の罪。

から、既に年久しく消息が絶えて居る。多分はどこかの村の隅に、まだ抜け殻のような存在を続けて居ることであろう。

　我々が空想で描いて見る世界よりも、隠れた現実の方が遥かに物深い。又我々をして考えしめる。是は今自分の説こうとする問題と直接の関係は無いのだが、斯んな機会で無いと思い出すことも無く、又何人も耳を貸そうとはしまいから、序文の代りに書き残して置くのである。

人間必ずしも住家を持たざる事

　黙って山へ入って還って来なかった人間の数も、中々少ないものでは無いようである。十二三年前に、尾張瀬戸町に在る感化院に、不思議な身元の少年が二人まで入って居た。其一人は例のサンカの児で、相州の足柄で親に棄てられ、甲州から木曾の山を通って、名古屋まで来て警察の保護を受けることになった。

　今一人の少年は丸三年の間、父とただ二人で深山の中に住んで居た。どうして出て来たのかは、此話をした二宮徳君も知らなかったが、兎に角に三年の間は、火と云うものを用いなかったと語ったそうである。食物は悉く生《なま》で食べた。小さな弓を造って鳥や魚を射て捕えることを、父から教えられた。

　春が来ると、色々の樹の芽を摘んで其まま食べ、冬は草の根を掘って食べたが、其中には至って味の佳いものもあり、年中食物には聊かの不自由もしなかった。衣服は寒くなると小さな獣の皮に、木の葉などを綴って着たと云う。

　只一つ難儀であったのは、冬の雨雪の時であった。岩の窪みや大木のうつろの中に隠れて居ても、火が無い為に非常に辛かった。そこで斯う云う場合の為に、川の岸にある

我々が空想で……遥かに物深い。

ここで柳田が「空想で描いてみる世界」と言う時、自分が別れた「文学」、ことに友人であった田山花袋がその主唱者であった、「自然主義文学」を念頭に置いている。ここの部分を後年もう一度、念押しをするように『故郷七十年』の中で、「田山の小説に現われた自然主義というものは、（中略）右の二つの実例のような悲惨な内容の話に比べれば、まるで高の知れたものである」と言っている。

感化院
現在の教護院。罪を犯した児童を保護し教育する施設。

カワヤナギの類の、髯根の極めて多い樹木を抜いて来て、其根をよく水で洗い、それを寄せ集めて蒲団の代りにしたそうである。

話が又聞きで、此以上の事は何も分らない。此事を聴いた時には、直ぐにも瀬戸へ出かけて、も少し前後の様子を尋ねたいと思ったが、何分にも暇が無かった。かの感化院には記録でも残っては居ないであろうか。此少年が色々の身の上話をしたと云うことだが、何かよくよくの理由があって、彼の父も中年から、山に入ってこんな生活をした者と思われる。

○

サンカと称する者の生活に付ては、永い間に色々な話を聴いて居る。我々平地の住民との一番大きな相違は、穀物果樹家畜を当てにして居らぬ点、次には定まった場処に家の無いと云う点であるかと思う。山野自然の産物を利用する技術が事のほか発達して居たようであるが、その多くは話としても我々には伝わって居らぬ。

冬になると暖かい海辺の砂浜などに出て来るのから察すると、彼等の夏の住居は山の中らしい。伊豆へは奥州から、遠州へは信濃から、伊勢の海岸へは飛騨の奥から、寒い季節にばかり出て来るということも聴いたが、サンカの社会には特別の交通路があって、渓の中腹や林の片端、堤の外などの人に逢わぬ処を縫うて居る故に、移動の跡が明かで無いのである。

磐城の相馬地方などでは、彼等をテンバと呼んで居る。山の中腹の南に面した処に、幾つかの岩屋がある。秋もやや末になって、里の人たちが朝起きて山の方を見ると、この岩屋から細々と煙が揚がって居る。ああもうテンバが来て居るなどという中に、子を負うた女がささらや竹籠を売りに来る。箕などの損じたのを引受けて、山の岩屋に持っ

サンカと称する者の生活
サンカや他の社会的マイノリティに関連する有名な論考『「イタカ」及び「サンカ」』(一九一一〜一二)、「所謂特殊部落ノ種類」(一九一三)の二つは、いずれも法制局時代に書かれている。役目がら、そうした人々に関連する資料記録を閲覧することが可能であったことが、それらが書かれた背景にはある。

て帰って修繕して来る。

土地の人とは丸々疏遠でも無かった。若狭越前などでは河原に風呂敷油紙の小屋を掛けて暫く住み、断りを謂って其辺の竹や藤葛を伐って僅かの工作をした。河川改修が河原を整理してしまってからは、金を払って材料の竹を買う者さえあった。しかも土著する者は至って稀で、多くは程無く何れへか去ってしまう。路の辻などに樹の枝又は竹をさし、しるしを残して行く者は彼等であった。小枝に由って先へ行った者の数や方角を、後から来る者に知らしめる符号があるらしい。

仲間から出て常人に交わる者、殊に素性と内情とを談ることを甚だしく悪《にく》むが外から紛れて来てサンカの群に投ずる常人は次第に多いようである。そうで無くとも人に問われると、遠い国郡を名乗るのが普通で、其身の上話から真の身元を知ることは六かしい。大体に追々世間並の衣食を愛好する風を生じ、中には町に入って混同してしまおうとする者も多くなった。それが正業を得にくい故に、折々は悪いこともするのだが、彼等の悪事は法外に荒い為に、却って容易にサンカの所業なることが知れるという。

しかも世の中と是だけの妥協すらも敢てせぬ者が、まだ少しは残って居るかと思われた。大正四年の京都の御大典の時は、諸国から出て来た拝観人で、街道も宿屋も一杯になった。十一月七日の車駕御到着の日などは、雲も無い青空に日がよく照って、御苑も大通りも早天から、人を以て埋めてしまったのに、尚遠く若王子の山の松林の中腹を望むと、一筋二筋の白い煙が細々と立って居た。ははあサンカが話をして居るなと思うようであった。勿論彼等はわざとそうするのでは無かった。

1915（大正４）年、大嘗祭奉仕記念の写真。

13歳の柳田国男（1888年）。このころのことは「ある神秘な暗示」（46頁）に書かれている。

自宅の書斎にて。1943（昭和18）年。

柳田国男への
最短アクセス

私たちのもう一つの人生、「山の人生」

「人生」という定型話

この文章、とりわけ前半の、「山に埋もれたる人生ある事」は多くの人に引用され、語られることが多い。その事件の凄烈さに打たれることがまず第一だろう。しかし、それだけではない、一読したのちに深い「感銘」が来る。それはどこから来るのだろう。

再読しながら考えてみることにすると、まず最初の、この驚くべき事件が、「三十年あまり」経った今（一九二五年）、自分の他に覚えている人はいないだろう、と柳田が書いているところで眼が止まる。「驚くべき事件」は驚くほど早く忘れられる。ある事件がいかに大きなものであろうとも、それは記憶の風化を防ぐことは出来ない。そのことはよくあることとして納得できる。しかし事件は忘れられても、またその事件を知らなくても、たまたまこうして柳田が拾い上げてくれたこの話を読むと、私たちはあたかもその事件が今ここにあるように深く感じ入る。それは、おそらく、柳田がこの事件の書類を読んだときの気持ちと同じであろう。でも、その、柳田と私たちが、この忘れられていた事件に同じ気持ちで心うたれて、そうそう、と、うなずいてしまうのは何に対してだろう。そして、そのことを言うのにふさわしいと思われる、ここで使った「気持ち」というあいまいなことばは何だろう。

読み進むと、この話はいくつかのところで、すき間が空いている感じがする。たとえば、女房が死んで、子供と二人の男だけの暮らし、そこに小さな娘をもらってくる、というところ。女がいなくなった後、少女とはいえ、「女」の人を入れる、ということに性的な意味があるのだろうか、という問いが浮かぶが、同時に聞いてはいけないことに疑問を持ったような気がする。また、炭が売れず空手で戻って、飢えた子の顔を見るのがつらいとはいえ、（たぶん何も言わず）すっと奥に入って昼寝をしてしまう、というところ。どうするつもりだろう、何か考えているのだろうか。ここに至って、だれも助けを求める人がいないのか？　さらに、男が目を覚ますと秋の夕日の中、子供が斧を研いで（たぶんその刃に夕日が光って）いて、子供はその斧で自分たちを殺してくれ、という入り口の材木を枕にする、というところ。一体どういうことだろう、そんなことがありうるの？　読者がそう思う間もなく、斧は振り下ろされる。そうした、いわば話の流れの至る所にすき間があいていて、疑問がさし挟まる。

でも、そのことはこの話の不備ではなく、柳田自身が意図して、話のポイント、ポイントを押さえながらも、その他の所は粗く描いて、すき間に疑問を誘い込むことによって読者を引き付けようとしているのだ。それは上手に書かれたミステリーの冒頭のようである。私たちは展開の意外さに呆れて本を投げ出すより、むしろ、話に引きずり込まれる。しかし、ミステリーと違うのは、実はすき間があるにもかかわらず、読者にとって話はなめらかに続くところだ。

そうしたすき間のいくつかのところは、私がかっこでことばを、「何も言わず」、「その刃に夕日が光って」、とさしはさんだように、定番の穴埋め問題のごとく、スポスポとはまっていく。そのことで、読者は話の流れに、より、身をまかせることになる。より大きなすき間の方、小さな娘をもらうことの「性」の問題、誰も助けてくれる人がいない男の「社会」関係、といった疑問は、すぐには埋められないのだが、むしろ下地の色としてこの場面の情感を支えるものとなる。そして、最後の首を落とす場面が鮮烈な余韻として残る。

こうして展開は自然に進み、私たちはセリフの少ない古典劇、歌舞伎の一場面であれば、「秋の夕日、子殺し、山中の段」とでもいうようなものを、見せられているような感じがする。しかし、あまりにすらっと呑み込めてしまう、このことはおかしくないだろうか。つまり初めて読む事件の話に既視感がある。

この最初の二つの挿話が、それを読む私たちにある種の感銘を与える理由は、まさにそうした既視感、歌舞伎や、また「遠野物語」の「山」の話を思い起こさせることと直接結びついている。つまり、私たちの日本列島の文化の中にある、古くからの物語の展開の型がこれらの話の底にあるのだ。前に述べた、こうした物語を読んで、そうそう、とうなずく気持ちとは、日本社会の歴史の中でこれまで作られてきた、共通の物語への感覚のことである。貧しさ、山への逃避、自己犠牲、親子愛、心中、それらが泥まみれではなく、美しい自然の中でそれと呼応する美しいかたちで最終を迎える――そうしたことをすでにからだで会得している私たちが、それらを話の中に発見し、感じて、頭の中に既視観のある「情景」を浮かばせ、展開の意外さにもかかわらず、ある場合はそれゆえにこそ、「そうした意外さが人生である」と納得して、繰り返し聞かされた昔話のように読んでしまう。

しかし、ここで私たちにとって重要なことは、この事件自体がそうした「人生」という定型話なのではなく、柳田がそうした型にそって「書いて」いる、ということに気付くことだ。そのことを考えてみよう。

「さみしさ」の歌

小林秀雄や花田清輝、岡本太郎、といった人々、最近では、吉本隆明、柄谷行人、といった批評家もこの挿話に触発されて、議論を行っている。それらについてはそれぞれに読んでもらえばよいのだが、ここで問題としたいのは、それらのいずれの人も、この柳田が仕掛けた、彼にとっては生涯のキーワードの一つである「さみしさ」のわなに、気付かずに、または半ば気付きつつも、はまってしまっている、ということだ。その「さみしさ」とは、たとえば金子光晴が、「寂しさの歌」という詩の中で列挙しているような日本の「寂しさ」である。

これらの論者は、ここに人間の、人生の根源的な存在のあり方を見ようとする。しかし、それは少なくとも、人間、ではなく、あくまで「日本人」の、と強調しておいたほうがよい。秋の夕日の中に子供の首を切り落とす、という「情景」は世界のどこにでもあるものではない。またそうした、日本人のあり方としても、「山の」あり方であり、たとえば「遠野物語」に結晶化している、その定型的な表現である。それが根源的な、言い換えれば「深い」ものと思えるのは、日本人自身が「日本のさみしさ」の情緒にはまった時である。

柳田は、この「山の人生」、という書物全体としては、後半に出てくるサンカを初めとする伝説上の山男などもふくめ、山で生活を営んでいたと考えられる、定住民ではない、「移動する」マイノリティの日本人について論じている。ここで挙げた文章は彼自身「今自分の説こうとする問題（山人のこと）と直接の関係は無い」と断っているように、この本全体の中ではちょっとした導入の役割を持つに過ぎない。そうであるのに、この文章は、のちの大部分を占める山人についての議論が学問的には非実証的である、として否定的に評価されてしまったのに対し、むしろ切り離されて生き残ってしまった。そして、柳田は、こうしたことは山を舞台としたある罪を犯した人々の特殊な人生だ、という留保を付けているのだが、実は柳田独特の、留保をたくさん付けながら「特殊」な事例をいくつもいくつも出してくる、という書き方、論法によって、最終的には「日本人誰もがこうした人生観を持つ」、と読者に取られてもよい隙を作って誘っている。前に、すき間を作って読者がそこを埋めるようにしむけている、と書いたが、これもそうした柳田流の誘いの変形の一つである。

もとより、ここに人生の根源的なものを感じ取るのは、柳田が暗示的にそう誘っているだけでなく、彼が明示的にこの話を、「偉大な人間苦」、「あわれな」、「物深い」と形容しているからだ。確かに、読後の深い感銘はこれらのことばにふさわしい。しかし、それも、元の事件にあったはずの、貧窮が生身の肉体にもたらした事件としての陰惨さとは別である。大体、この挿話からは、歌舞伎や文楽の首打ちと同様、血の一滴も感じられないのである。この「山に埋もれたる人生ある事」は、たとえば歌舞伎の「寺子屋」にある身代わりの首実検のように、様式化された設定の中で、その場には「悪人」のいないまま、そうなるべくして「仕方なく」起きた事件として書かれている。第一、そうしたさみしさのわなにはまっていない例外としての内田隆三氏の研究によれば、実はこの文章の元となった事件は「春の生だるい日」に起きたということだから、柳田の描いた秋の夕日の場面は、柳田が彼自身の興味を刺激するものとして、「書かれた」ものだ、ということが今さらに判る（一九九五、『柳田国男と事件の記録』、講談社）。のちになって、彼の自叙伝である『故郷七十年』の「山の人生」に触れたところでの表現では、「可哀想な」、そして「面白い話」、と、もっと率直に彼の興味のあり方を吐露している。

では、私たちはこの文章から何を読みとればよいのだろうか。まず、柳田がこうしたことを事実の記録として留めたのでもなく、また、事実を装って読者に創作を語って聞かせたのでもないこと、それを確認しよう。文中に、「我々が空想で描いて見る世界よりも、隠れた現実の方が遥かに物深い」、とあるが、その「現実」とは、私たちがこうして生きている、現実そのもののことではない。ややこしい言い方になるが、現実そのものを私たちがどう考えるか、の「考え方」を通しての現実である。だから柳田はこの事件を、事実の単なる羅列として書くのではなく、「ある人生」という話として描く。つまり、柳田は、「遠野物語」でもそうであったように、彼が考える「日本人」が共同で持つ考え方、物語の一部としてこの印象的な挿話を書いたのだ。この文章から読みとるのは、そこの所、つまり、「考え方」、「物語」のあり方である。あらかじめ言っておけば、彼の仕事の全体が、そうした、彼が考える日本人の「考え方」を明らかにすることであった。

そこを外して、こうした文章から、この「さみしさ」を日本に昔から息づく民俗の心である、と実体的にとらえたりするだけであれば、もとから私たちに柳田は要らない。私たちは柳田がいなくとも、昔話を聞き、歌舞伎を見ることで、この列島独自の「さみしさ」を「楽しむ」ことは出来るのだから。そうした失敗、これまでに何度か柳田がブームになったときの失敗に学んで、柳田自らが描き出した「日本」という物全体が見える場所に立って、柳田の面白さを読んでいかなければならない。それは、柳田自体を見渡す高さを作らなければならないことで、大変に難しいことではあるが、いくつかのことを守っていけば、それは可能である。

たとえば、この「山の人生」を読むことからは、柳田が

「書いて」いることを意識する、ということが引き出せる。柳田は、小説で描かれる個人の人生とはちがった、「日本人」という人々の共同の人生の物語をここで書いている。ことに「山に埋もれたる……」の後に来る、後半の「人間必ずしも……」、は、実は柳田自身が柳田を見下ろす地点を発見した文章なのだ。それを見ることで柳田の読み方を学ぼう。

天皇とサンカ

「人間必ずしも……」に出てくるエピソードは、狼少年の話を思わす。山の中の、雨に濡れそぼった暗い惨めな暮らしが思い浮かぶ。しかし、そうしか読めないだろうか。食べ物には不自由しなかった、というこの話を、さみしい、物深いものと考えるだけでなく、自由、開放感を与えてくれるもの、ととらえることも可能である。昔から、山歩きはレジャーとして人気があったが、最近は、自然環境への関心が高まっていることや、自分の体の自然を取り戻す森林浴というものが取り上げられ、以前にもまして、私たちは山や林でいくらかの時間を楽しもうと考えるようになっている。ここにある話を、そうした健康的で静かな楽しみにつなげて考えるのは無理だろうか。

ここであることを思い出す。私は、一九七〇年代の後半、人類学者として西大平洋のマレクラという島でフィールドワークを行っていた。もとから火山帯の上にあるその島には地震が時折起きるのだが、一時期、頻発したことがある。それを調べようとフランスから研究者のグループが地震計を持ってきたのだが、どこでどう話がねじれたのか、その地震計が地震を作る機械である、と風評が立ったことで、海岸の村に小さな社会的パニックが起きた。その村の人々の多くはもともと山の森の中に暮らしていて、近年、教会や政府の医薬所や学校に引かれて山を下りてきていたのだったが、この騒動の中、再び、山に仮住まいの小屋を作って住み出す家族が出てきた。訪ねていくと、皆ごきげんである。危険を回避して、というより、近代化の中で彼らのあいだでも「昔風の」遅れた生き方と見下されていた山の生活を、楽しむ機会が出来て喜んでいるのである。なにしろ、海岸にいたときよりよく笑うのだ、多少照れくさそうではあるが。

この柳田の文章を読んで私たちにも、「山に暮らす」ことに引かれるものがあることを感じる。新しい生き方、というよりは、マレクラの人々のように、元のところに戻っていくような安心感。ここを書いている柳田の、遠くの山肌を追っていく視線にも、あこがれの心が込められている。そしてそれは、私たち平地に暮らす人々に対して山で暮らす人々が対極としてある、というのではない。私たちや柳田の考え方の内側に、山での人生が一つの極としてあるのだ。柳田は、サンカを、歴史的に存在した「山人」の今の姿、として研究しようとした。しかし、それが失敗したにせよ、ここの柳田の文章からは、サンカ、という存在が、ある固有の人々をさす、というだけではなく、私たちの内側にもあり得る、山の方に向かう性向を表す符丁としても使われていることが読める。

一九一五年一一月七日、四〇歳の柳田国男は、即位した大正天皇の京都における大嘗祭に、貴族院書記官長として臨み、その典儀の勤めに就いた。それは柳田にとっては国家の中枢に限りなく近づいた、「一家の名誉」と呼ぶべきことであった。しかし、その衣冠に身を正した任務の間に、書記官長柳田国男が視線を山の方に向けると、そこに、一筋、二筋と煙が上がるのが見出される。そこでは、サンカたちがその日の大礼を知らぬかのように、自分たちの時間を送っている。ここには、国家の中で栄達する人生とは違った、また別の、あえて魅力的なと言い得るかも知れない、「山の人生」がすぐ隣り合わせに存在している。

柳田は言葉を選んで、彼らを、「世の中と是だけの妥協すらも敢てせぬ者」と呼び、しかし、「勿論彼等はわざとそうするのでは無かった」とつけ加える。ここで柳田が取っている見取り図の中では、天皇とサンカは、意図せずに、互いに没交渉のままこの列島の中に生きている二つの極、として置かれている。現在の私たちは、近年の歴史学の研究によって、サンカのような非農業民と天皇の間に構造的な関係のあることが指摘されていることを知っている。そこから評価すると、ここには柳田自身が気付いていなかった発見があった、と言うことになるかも知れない。もしくは、そうした研究につながる柳田の無意識、または勘のようなものがここにある、といってもよいかも知れない。

しかし、私はそれとはまた次元の違ったところで、この文章が、柳田の立場をよく表している、と考える。すなわち、国家儀礼において官僚として天皇に仕えながら、その儀礼、大嘗祭から日本の祭りの本質を探り当てようとし、さらに他方で、そこから離れて、日本社会の別のあらわれ、サンカをも観察する。そうした、方向の違ったいくつもの面を自分の中に抱えて、それらを「調停」しようとすることで、そうした複相性を持つ自分を、さらにもうひとつ次元の違ったところから見下ろそうとする。その柳田が自分で取った柳田自身の見方こそ、私たちの柳田の読み方となる。つまり先の例で言えば、柳田自身がさみしさの中にはまりながら、このさみしさは何だろうと考えている、そうした複相性を読者である自分も持っていることを認めながら、さみしさに足をとられるのでもなく、ただ否定するのでもない地点からものを考える、という柳田の読み方である。

キー・テキスト

遊行女婦のこと

江戸時代以前、ふつうの女性は歴史や文学の中にほとんど現れないが、俳諧の中には出てくる。この一九三四年に書かれ、「木綿以前の事」に収められたテキストも、芭蕉の「一つ家に遊女も寝たり萩と月」から始まっている。しかし、いったん筆をおろせば、どんなことも柳田の年来のテーマ、漂泊、神秘、文字に書かれない人々の生活、といった磁場の中に取り込まれるのだ。

但し曾良の付句に描かれた遊女が、私は盲であったろうと思って居るわけでは無い。まだあの頃にはこの一種の御前《ごぜ》以外にも、色々の上臈が村をあるいて居たらしいのである。瞽女《ごぜ》は制度の保護などもあって、一番あと迄転向せずに居られたというだけである。地方の人たちのきれぎれの記憶の中から、他にどういう名の遊女があるいて居たかを、今の内に聴いて置きたいと私は念じて居る。秋田地方の風習には、雨乞に婦女が裸参りをする例が二三ある。それと関係があるらしいのは女相撲で、是が興行して来る年は必ず雨が多いと言われて居た。斯ういう人たちの郷里も必ず何処かに有るのである。石川県などの在方では、昔の瓦版とよく似た一枚刷の読売ものを、歌いながら来るのは必ず女の群であり、是を人によって女万歳とも謂って居た。近まわりの部落の、身元の知られて居る者では無かったようである。中には旅役者などの年中巡業しては居るが、出処は判って居るという者も多いだろうし、又中年から来り加わったのも無論有るだろうが、少なくとも彼等の動く力には系図があるのである。熊野を振出しに伊勢や熱田のあたりへ移って来て、やがて第二の勢力に其地位を譲って、消えてなくなってしまった比丘尼《びくに》衆を始めとし、曾て此国土に弥蔓した遊行女婦の名は数多い。それが子持たずに死んでも、はた良い子を儲けても、女の後は伝わらぬのが普通であった。一旦名前が消えれば其結末を問うことも出来ぬが、しかも彼等で無ければ運べなかった歌や物語が、永い記

曾良の付句
このテキストの冒頭は、芭蕉と曾良ともう一人による歌仙の引用から始まるが、そこでの曾良の付句「遊女四五人田舎わたらい」を指す。曾良は芭蕉の旅に同行して、越後の宿で新潟の遊女と同宿する。その経験がこの句となったようだが、同じ体験から芭蕉の「一つ家に遊女も寝たり萩と月」が生まれる。

上臈
身分の高い婦人、転じて遊女を言った。

念となって全国の隅々に遺って居る。我々の民間文芸を成長させ、割拠を事とした土地経営者の、自然と社会とに対する情操を統一してくれた功績は、大部分をこのかよわい漂泊者に認めなければならぬのである。今までの見方は余りに一方に偏して居ると思う。女

遊女の成因とも名くべきものに就いても、問題は亦未来の解決に委ねられて居る。女は普通には家に結び付けられ、家は又土に動かぬ礎を打込んで居る。古志の努奈河媛の御歌にもあるように、男とちがって只一処の婚姻にしか、携われぬものの如く考えられて居た。それが千里の山川を行き往いて、数限りも無い運命に身を托するようになったということは、もし原因がありとすればそれは必ず異常のものでなければならぬ。だから多くの歴史家に考えられることは、第一に種性の差ということであったのである。江口川尻の船の家に老い、さては野上坂本の路次に篷を立てて、朗かなる歌の声を東西の旅人に送って居た者は、最初からそういう生活様式を持って、日本へ入って来た人々の末でもあるように、自分なども想像して居たのである。しかし近代の記録せられた事実は、全然この推測を裏書しない。寧ろ反対の資料を以て充ちて居る。少なくとも中世以後に、新たに加わった原因は多いのである。親が貧困で娘を奉公に出すというような草冊子風なものは別としても、普通の家に生れた女の子が、次第に此仲間になって行く路筋は、可なり大きく開かれて居た様に思われる。地方に勢力のあった御社や仏寺を後楯として、其信仰の宣伝によって生計を立てた者などは、起りが古いからまだ家柄のように見られぬことも無いが、此中にも新たな志願者の幾らも加わったのが現実である。全体に門付け物貰いの輩を、すべて人間の落魄した姿のように考えることは、やや一方に偏した観方なのかも知れない。農漁山村の定着した生業と対立して、別に彼等の間だけの動機なり目途なりが、有ったらしくも思われる節があるからである。福島県の海に面した村里には、名ある旧家でシンメ様を祀って居る者が尠なくない。シンメ様というの

新たに加わった原因
遊女の発生については、後宮に働いていた下級の女官が職能集団を形成したという考えがあるが、同時に、村落のレベルにおける芸能との呼応も興味深い。

シンメ様
筆者の一九七三年の山形県庄内地方の調査によると、オコネ様と呼ばれる、同系統の「人形の神」は、「遊ばせ」てくれることを強く求める。まるで散歩に行きたがる犬のようである。ある家の主婦はそれがゆえに、オコネ様を、近くの金峰山に「遊ばせ」に行ったと筆者に話したが、犬が散歩に行きたがるのか、飼い主が散歩に行く連れとして犬があるのかが不分明のように、オコネ様でなくその主婦が金峰山に遊びに行きたいのかな、と筆者が考えたのは、そう的はずれではなかったろう。

は仙台附近でトウデ様、南部領でオシラ様というのもほぼ同じで、通例木を彫ってこしらえた人形の神である。此神を持伝えた家では、現在は皆困って居るそうである。それは屢々其家の女の夢枕に立って、旅に出ようと促して已まぬからで、其御告げに従わぬと病気になる。それを遁れようとすれば少なくとも年に一度、そっと此神を背に負うて、顔を知られぬ土地を巡歴して来なければならぬ。是が何よりも迷惑なことに、今日ではなって居るのである。説明は多分精神病理の側からでも付くのであろうが、兎に角に以以前尋常の家庭から離脱して、此種の漂泊生活に入って行った女性には、何か拒むことの出来ない背後の暗示が、働いて居た場合が多いようである。能の物狂いの色々の曲にも見える様に、是が他郷の未だ信ぜざる者の間に、新たに自分の立場を見出そうということになると、自然に物を語り又歌舞せざるを得なかったものと思われる。所謂神気《かみけ》の副《そ》うた女人は、昔も今も常に饒舌で、又屢々身の恥は省みずに、自分しか知らなかったような神秘なる真実を説こうとして居る。それを神々が多数の俗衆に聴かせんが為に、特に或一個の清く美しい者を選んで狂わしめられるのだとも、昔の人たちには考えられたのである。故にこの一つの宗教的動機とも名くべきものが、将来もう少し明かに判って来るならば、歌と物語とが単なる初期の業体であったというに止らず、更に遊女をして斯くの如く、弘く国内を漂泊せしむるに至った、元の力であると言い得ることになろうも知れぬ。少なくとも今一つの人に賤しまるる職分の如きは、是に比べるとずっと小さな偶然だったと、認め得る時が来ようかと思う。

話を簡短に切上げる為に、私は最後の一例を引用する。沖縄では遊女をズリと謂い、尾類などという漢字を宛て居るが、語の起りはまだ確かには知られて居ない。那覇の市街の片端を三個所まで区劃して、彼等を集め住ましめたのは近世のことで、それも政策の強制する所であったらしい。そうすると以前は各地に散在して居た筈であるが、其生活ぶりは記録にはまだ見当らない。僅かに民間説話や歌謡の端々に、ズリが田舎をあるいて居た痕跡を認むるのみである。ところが北隣の大島諸島は之に反して、所謂遊廓はどこにも無くて、遊女のみはどの島にも居た。ズリを此方面ではゾレ又はドレと呼んで居る。其語自身にも巡歴という語感があったらしいが、別に又マハリゾレという名もあった様に聞いた。関東の御前たちと異なって居るのは、眼が見えることだけという位によく似て居る。村には到る処に宿をする家が定まって居た。そこへ青年等が夜になると寄り集まって、長短色々の歌をうたわせて聴いた。其中で特に酒の価を支弁した一人が、一夜の亭主となるという話もあって、無論彼女の道徳は安易なものであったが、其職分はといえば多数公衆の間に、歌を運搬することより他は無かったのである。実際数限りも無い古来の名歌が、彼等によって保存せられ活用せられたのみで無く、同時に彼等は又新作者でもあった。奄美大島民謡大観を読んで見ると、島の宴飲には最も即興の歌が珍重せられ、殊に男女の間には歌競いの戯があって、返歌の慧敏なるものが永く異性の愛好を繫いだことを述べて居る。島では三線を弾ずるは専ら男子のわざで、女は何れも皆歌の節と言葉に、其才能を傾けようとして居た。男の歌人が多くは一郷の名士であったに対して、女性の歌によって名を知られた者は、大半はゾレであった様に思われる。

男女の間には歌競いの戯があって これは現在も行われている。関連文献：酒井正子、一九九六『奄美歌掛けのディアローグ』（第一書房）。

三線 さんしん。蛇皮を張った三味線（しゃみせん）のような楽器。

柳田国男への
最短アクセス

女たちの移動するネットワーク

遊女であること

女性の社会における位置、そして、文化の中で「女」であることの意味、それらが、決して生物として決まっている雌雄のようには固定的でないことが、近年の研究でわかっている。女性のあり方は時代によって変化するし、文化・社会によっても大きく異なる。こうした性（ジェンダー）についての考え方は、女性の社会差別をなくそうとする政治的な活動を支える基礎的な考え方となっている。また最近ではより広く、「男性」であることの制約や問題点、社会における人間関係すべてを新たに考え直すことをうながしている。

柳田が、ここの文章で取り上げている「遊行女婦」とは、ある特定の人間集団を指すのではなく、遊芸を業としながら移動をしていく女性たちを、一般的に指している。中世以後、近代以前の日本列島に、そのような女性たちが生まれ、そうした一群の女性たちが村々を訪れ、また去っていく、という動きがあったのだ。

こうした、一つには移動すること、二つには歌や踊りなどの芸を行うこと、という二点以外に彼女たちの特徴を探そうとすると、目が不自由なこと、貧しい生まれであること、何らかの「物狂い」といった精神的、宗教的色彩のあること、性的な仕事がふくまれていたこと、などが挙げられる。それらの特徴はそうした人々の一部に見られるが、全てに見られるものではない。しかし、それらはいずれも、定住社会の中では不利な、または価値の低いとされるものである。そうした、社会的に弱者であったことを、「遊行女婦」と呼ばれる人たちの第三の共通点としてもよいだろう。

しかし、こうした女性たちの一方で、定住社会の女性たちは弱者ではなかったのか。いや、彼女たちも、その権利は弱く、労働条件はよりつらいものが課されていた。移動する女たちと定着している女たちと、どちらがより弱者であったかと言ってみても仕方ない。『遠野物語』に見られる「出奔する女」は移動する群れに身をおいた、という行動からは、より自由な生活に向かったのだとも言えるが、他方、やむにやまれず、現状をひとまずは逃れるということがあったろう。

むしろ、ここでは、サンカなどは男女のいる永続しうる社会集団としてあったのに、「遊行女婦」は、それだけでは持続しない、かつ沖縄の例などに明らかなように、常に定着社会の「男」との関係で生きるしかない存在であったことを指摘したい。「娼婦」というものが古来、文学などで、「自由な」存在として描かれるとき、それは家や村に縛られて生きる女たちとの対比において、そうとらえられる。しかし、どちらの女性たちも、全く異なる境遇を生きるもののようでいて、結局は男中心の社会で「娼婦」と「妻」という二つの異なる役割を担わされているという、あえて言えば、同じ水準にいるものであることを忘れてはならない。

この文章の発端とも言える、芭蕉が『奥の細道』で「一つ家に遊女も寝たり萩と月」と俳句を詠んだときの感傷と、ここに現れている柳田の心情とには、ともに、そうした「遊行女婦」という女性カテゴリーへの哀れみの視線がある。しかし、同時に、そこには旅好きの芭蕉と柳田が持っている、漂泊へのあこがれ、そうした人間の生活様式、存在の仕方への関心が見られ、さらに進んで、少し角度の違う、彼女たちが持つ移動、交通、といった機能への注目がある。

女性を社会の中の最も重要な媒介項、仲立ちである、と考えたのは、フランスの文化人類学者、レヴィ＝ストロースである。彼は、女性が婚姻によって集団の間を動くことによって、より広い社会関係が発生、発展することを、人類社会の基本的な構造原理と考えた。しかし、遊女たちは、むしろ結婚しないものとして移動していく。となれば、遊女たちが「移動」することで取り結ぶものは、訪ねていく村々、といった集団間のことではなく、そうした集団の次元を越えたより広い、最大では日本列島というべき、民間の芸術の文化ネットワークであった、と考えられる。そしてまた、柳田が、彼女たちがそうした漂泊グループに入る理由として挙げている「宗教的動機」、というものが示唆しているのは、「遊行女婦」たちが異界との「交通」の仲立ちとしても働いていることである。そうした機能を果たすものとして、現在でも活動する東北の口寄せ巫女、イタコが挙げられるであろう。

このように柳田は、「遊行女婦」の芸能のネットワークと、異界との交通に果たす役割について、その移動という行動パターンと、そうした「霊的」な特質から説いた。しかし、ここには欠けているものがある。それは「遊行女婦」たちの性的な側面についての考察である。既にこの章の冒頭で述べたように、柳田は常々、文化を論じるときに、文化現象の「性的」な側面には踏み込みをためらうのだが、それはこのテクストにも明らかだ。テクスト末尾の沖縄の例は、彼にしては、かなりはっきり書いている方なのだが、ここでも核心を遠巻きにしている。こうした女性の性と芸能の関わりを明らかにすることは、柳田のし残したことである。

キー・テキスト

ある神秘な暗示

このテキストが収められている『故郷七十年』は、神戸新聞社が創立六十年記念のために柳田に依頼した、口述の自伝である。テープから起こされた原稿は柳田が修正加筆した。柳田八四歳。晩年はさすがの彼も老化し、記憶が不確かになった、と言われているが、この自伝は、事実を正確に追うというだけではなく、自分の一生を「編集」しようとする、彼の「編集者」としての強い力と意思が表れている。また、このテキストには、彼にとっての「神秘」とは何かが簡明に示されている。

布川にいた二カ年間の話は、馬鹿馬鹿しいということさえかまわなければいくらでもある。何かにちょっと書いたが、こんな出来事もあった。小川家のいちばん奥の方に少し綺麗な土蔵が建てられており、その前に二十坪ばかりの平地があって、二、三本の木があり、その下に小さな石の祠《ほこら》の新しいのがあった。聞いてみると、小川という家はそのころ三代目で、初代のお爺さんは茨城の水戸の方から移住して来た偉いお医者さんであった。その人のお母さんになる老媼を祀ったのがこの石の祠だという話で、つまりお祖母さんを屋敷の神様として祀ってあった。

この祠の中がどうなっているのか、いたずらだった十四歳の私は、一度石の扉をあけてみたいと思っていた。たしか春の日だったと思う。人に見つかれば叱られるので、誰もいない時、恐る恐るそれをあけてみた。そしたら一握りくらいの大きさの、じつに綺麗な蠟石の珠が一つおさまっていた。その珠をことんとはめ込むように石が彫ってあった。後で聞いて判ったのだが、そのおばあさんが、どういうわけか、中風で寝てからその珠をしょっちゅう撫でまわしておったそうだ。それで後に、このおばあさんを記念するのには、この珠がいちばんいいといって、孫に当る人がその祠の中に収めたのだとか。そのころとしてはずいぶん新しい考え方であった。

布川にいた二カ年
柳田は一三歳で、生まれ故郷の兵庫県から、長兄が医師を開業していた、茨城県相馬郡布川町（現利根町）に、送られた。初めての長旅、故郷と両親からの別れ。布川での日々はそうした境遇にあった。このときに柳田は、第二の乱読時代とも言うべき経験をする。二カ年というのは、二年経ったときに両親も末の二人の男の子（静雄、輝夫）と共に、長兄のもとにやってきたからだ。

中風
脳溢血による半身不随の状態を言う。

その美しい珠をそうっと覗いたとき、フーッと興奮してしまって、何ともいえない妙な気持になって、どうしてそうしたのか今でもわからないが、私はしゃがんだまま、よく晴れた青い空を見上げたのだった。するとお星様が見えるのだ。今も鮮やかに覚えているが、じつに澄み切った青い空で、そこにたしかに数十の星を見たのである。昼間見えないはずだがと思って、子供心にいろいろ考えてみた。そのころ少しばかり天文のことを知っていたので、今ごろ見えるとしたら自分らの知っている星じゃないんだから、別にさがしまわる必要はないという心持を取り戻した。

今考えてみても、あれはたしかに、異常心理だったと思う。だれもいない所で、御幣か鏡が入っているんだろうと思ってあけたところ、そんなきれいな珠があったので、非常に強く感動したものらしい。そんなぼんやりした気分になっているその時に、突然高い空で鵯《ひよどり》がピーッと鳴いて通った。そうしたらその拍子に身がギュッと引きしまって、初めて人心地がついたのだった。あの時に鵯が鳴かなかったら、私はあのまま気が変になっていたんじゃないかと思うのである。

両親が郷里から布川へ来るまでは、子供の癖に一際違った境遇におかれていたが、あんな風で長くいてはいけなかったかも知れない。幸いにして私はその後実際生活の苦労をしたので救われた。

それから両親、長兄夫婦と、家が複雑になったので面倒になり、私だけ先に東京に出た。明治二十四年かと思うが、二番目の兄が大学の助手兼開業医になっていたので、それを頼って上京した。そしてまた違った境遇を経たので、布川で経験した異常心理を忘れることができた。

年をとってから振り返ってみると、郷里の親に手紙を書いていなければならなかったような二カ年間が危かったような気がする。

御幣　細く切った紙や布を木に挟んで垂らしたもの。神祭りに使う。

柳田国男への
最短アクセス

柳田の一生を暗示する幼少のエピソード

このエピソードには柳田の持っている特異な資質と、その資質がもたらした彼の研究の特徴、「味」のようなものが見て取れる。

もともと、この話の収められている『故郷七十年』という本は、朝日新聞の後輩嘉治隆一氏による聞き書きからなっているが、彼自身が原稿に加筆修正しており、このタイトルにも柳田独自の語感は如実に表れている。すなわち、前節にあげた「遊行女婦のこと」のテキストの中で、女性たちの漂泊生活に入る動機としての宗教性について述べるのに、柳田は「背後の暗示」、「神秘なる真実」といった語を用いているが、そうした言葉がそっくり、二十数年後のこの文章に用いられているのだ。そのことは彼の語感だけではなく、この場合は、「神秘」といったことについての彼の考え方、姿勢をうかがわせる。

まず柳田は、「超自然的」なものが私たちの生活の中に、かまいたちのように切って入り込むことがある、と考えている。だが、そうした神秘的な現象が起こるのは特定の場所であり、そのきらめきを感じ取ることが出来るのは、少数の者、また人生のある時期に限られている、とする。たとえば、それは山の中であり、神の祀られた祠であり、目の不自由な女であり、多感な少年期である。しかし、どんな祠にもそれが起こるのではなく、少年ならば誰もが柳田が経験したようなことが身に降りかかって来るというのではない。柳田は一四歳の時の体験を、これらすべての条件が、まれに一致したものとして、物語っている。

さて、その場所、時期、資質といった条件の中でも、柳田が、自分にはそうした神秘な暗示がもたらされる資質がある、と感じていることが最も重要であろう。柳田はそうした資質を「異常心理」であるとか、「遊行女婦のこと」では「精神病理」とか呼んで、そうした神秘性を実在的に語ることから一応の距離を取るかのようであるが、私たち読者はそれに惑わされてはいけない。いや、こう言うべきか。柳田の保留――この場合は「神秘的なるものを実感すること」を「病気」「異常」と呼ぶこと――は、それを否定するのでもそこから撤退するのでもなく、彼が迂回して、しかし最後にはそこに到達しようとする前触れのようなものだと考えなければならない。この文章では、一四歳の時に神秘の暗示を受けて以来、私（柳田）はそうした神秘なるものへ近づくことを、ただ好奇心から祠の石の扉を開ける、といったこととは違った方法で、七十年間追求してきた、と明かしている、と読むべきだろう。

ここまでは柳田が言うところ、自己診断に沿って考えてみた。少し別の角度からこのテキストを見てみたい。そのために、これと非常によく似た、でも正反対の福沢諭吉のエピソードを持ってこようと思う。彼もやはり年少の頃、同じように、祠の中には何が入っているんだろう、と気になった、という。そしてある日、人のいない時を見計らってそっとあけた。中には石が入っていた。ここまでは柳田と同じである。しかし、彼には何の神秘な暗示ももたらされず、それどころか、その石を外に持ちだして代りに別の石を入れておき、何も起こらないことと、人が相変わらずその祠を拝むのを見て、「神罰冥罰」の「大嘘」たることを確認するのだ。このエピソードの後、長じて福沢は日本の近代における啓蒙主義のチャンピオンになることはいうまでもない。「啓蒙」とは、蒙《くら》い誤りを啓《ひら》くことであるから、祠を暴いて明るみに出したこのエピソードは、まるでこしらえたかのように福沢らしい逸話である。

それと比較して、柳田は次の世代であり、単に「西洋化」による啓蒙のみを追求してはいられなかったことはすでに述べた。彼個人の資質もさることながら、「西洋化」という種類の近代化が起こしているものに敏感だった彼は、「啓蒙」のもたらす文化への逆作用、豊かにするのではなくかえってこの国の文化を貧しくすることがあることを知っていた。とはいえ、彼は神秘な暗示を受けて、神秘家になったのではない。迂回作戦が始まる。そこがこの本で何度もくり返して指摘する、柳田のしばしば微温的、折衷的と思われる、しかし、日本のような非西洋の後発の近代社会では必ず行わなければならない「調停」という仕事のことである。

ここにある「神秘」とは、日本の「神」にかかわる観念のことと言ってよい。それを明らかにするためには、そうした観念を、書き記されたものからだけではなく、多くの、ふつうの人々の考えの中に探ること、それが柳田の作戦であった。このテキストの末尾、「すっかり布川で経験した異常心理を忘れることが出来た」と書き、それを「危かった」と言い表すのは、単に、多感な少年が、そのまま異常な世界に迷い込んでしまったかもしれなかったことへの安堵、ではない。その後のそうした神秘への柳田の思索の方法が、「神秘なるもの」に取り込まれることなくそれに接近することであったことの、自信を伴った、間接的な表現である。

柳田は膨大な量の情報をそらで記憶していたと言われます。自分自身、少年時代を回顧して「読書童子」と自称しているくらいですから、生涯を通じて大変な読書好きでした。でも、その読書家としての特徴は、たんにため込んだ知識の量ではなかったようです。

そもそも、人は一生の内にどのくらいの本を読むのでしょうか。蔵書の数から考えると、人文・社会科学の研究者の場合、本を非常に多く持っている人で、だいたいその数は二万冊弱です。二万冊に近づくと、書庫の中も本人の頭の中も、混乱が始まるようで、入手のペースはぐっと落ちるようなのです。柳田の死後、成城大学に寄贈された蔵書も、この数字とぴったりで、二万冊前後でした。

そうした蔵書は実際どのくらい読まれるものなのでしょう。研究者にとって、本を買ったときにぱらぱら「見て」、本を使いやすくする下ごしらえだけをして終わるものもあります。それから本によっては、百科事典と同じく、読むのではなく、調べるために使うものもあります。もちろん、丸っ切り読まずじまいの本もある。そうしたことを考えると、二万冊の蔵書ともなると、頭からしっぽまで読む本というのは、半分以下ではないでしょうか。それに借りて読んだり、読んで捨ててしまったものを足して、蔵書二万冊の人でざっと一万冊の読書となる。五十年フルに読みまくれば、年間、二〇〇冊。軽い小説なども入れれば、超人的というほどのことはありませんね。

柳田の場合、彼は速読の人でしたから、読んだ本が溜まっていく、というかたちの蔵書であったと思われます。おそらく、ざっと読む、ということも含めれば、持っている本は、ほとんど目を通して、自分のものにしていたでしょう。それで二万冊。しかし、彼の場合、それにとどまりません。「借りて」読んだものも多いのです。

彼自身も書いていることですが、生涯に三度の乱読、集中的読書の時代があったようです。第一回目は、一〇歳の時、飛び級で小学校を終え、三木家という豪家に預けられ、そこで一年間、

コラム　本に埋もれたる人生ある事

学校に行かずこの家の蔵書を片端から読みふける。次が、茨城の長兄のもとにいたとき、やはり学校に行かず、医師である家主の小川家の蔵書を手当たり次第読んでしまう。結局柳田は、一〇から一五まで学校に行かず、ただただ読書三昧、という、いまから見ると珍しい知的形成をしているのです。そして第三回目が、「山に埋もれたる人生ある事」にも書かれている、役人時代の内閣文庫の渉猟です。

この、乱読時代の、知的自己形成が柳田の読書家としての特徴を作っています。まだ柔らかな頭脳による読書によって、次第に興味と関心にそって頭の中に引き出しが作られ、知識が溜めこまれていきます。既存の学問体系に追従しない彼独特の理解の枠組みはこうして出来たのでしょう。一九二七年、柳田は成城に書庫が中心であるような家を建てますが、それはおそらく、本を愛蔵するという書庫ではなく、彼の知識を入れ込んでおく、彼の脳味噌を拡大したレプリカのようなものだったのでしょう。

第II章

時代を編集する　民俗からモダニズムまで

私たちは自分の生きている時代がこれからどうなっていくのだろう、といつも考えている。時にそうしたことを考え、確認しなければ、自分がしている仕事や他人との関係が、何のためにあるのか、わからなくなってしまう。変化が激しいと感じられるとき、また、曲がり角にさしかかって、その角の向こうが見えない、と感じる時代にはとりわけそうだろう。二〇〇〇年という数字自体は人間が勝手に決めて数えてみたもので何もそこに意味はないのだが、現在私たちの意識は、その区切りのよさも一つのきっかけとして、いまを変化の激しい、曲がり角にさしかかった時代ととらえ、さて、これからどうなるのだろう、と常に問いかけているように思える。

柳田は、そうした、時代の変化に敏感な人であった。自分の生きている現在が、江戸時代以来、たくさんの曲がり角を曲がって来てこうなっていること、そしてそれがこれからどうなるだろうか、ということを常に考えていた人であった。この章では、そのような柳田の論考を五つ選んでみた。

「木曾より五箇山へ」の中で柳田は、ある山道ですれ違う人やもののすべてをリストアップすることで今そこに何が起きているかを探ろうとする。また、「のしの起源」では、すべてのしきたりが移り変わっているように見える中で、実は執拗に生き残っているものがあることを過去にさかのぼり、未来に延ばして探ろうとする。そのとき、柳田の感じている、歴史的時間、というのは過去から現在を通って、未来まで走っている線のようなものではなく、今ここにあって、そこに堆積している過去と、すでに芽を吹いている未来とで成り立つ、厚みのあるかたまりである。だから、「町風田舎風」で描かれる近世から現在までの町と田舎の様子は、だんだんと町が田舎を浸食していく、というふうに一方向に進展するものではなく、町も田舎も同じように、住むところと耕すところとが入り組んでいた元々の形態が、今も変形されながら持続している全体として描かれる。「木綿以前の事」、「外で飯食う事」でも、麻から木綿、また弁当から茶屋、食堂、と移り変わる様が、後のものが前のものに取って代わるのではなく、変化の時点では重なり合って、互いにくさび状に入り組んでいる事態が説明される。

そうした、今、という時代の、さまざまな方向へ向かう矢印を持つことがらを、切り分け、つなぎ、その全体が動く方向を見定めていく、言ってみれば編集という作業に、柳田はすばらしい才能を持っていた。同時にそれが大好きであったようだ。一度など、『郷土研究』という雑誌の終刊号を十四のペンネームを用いて、一人で書いてしまったことがあるほどだ。

一方で、失われていく「日本」には哀惜の柔らかい感性を持ち、他方で、それが同時に新しいものを生み出していく「現代」には大いなる好奇心と、分析的な硬い理知を持つ柳田の位置は、実に計算されたモダンな人間のそれである。決して、過去の郷愁としてのフォクロアをうち立てたのでもなく、未来を語る理想家として振る舞ったのでもない。柳田は常に現在にいて、その地点で、近代化の進行を凝視していた。ただし、明治以来の日本がどのように近代化されていったか、ということ、その変化の速度を測っていたのではない。それだけであるなら、柳田がその一員であった国家官僚が、工業の生産量なり、公共施設の普及率なりの統計的数字をあげて常に行っていたことであった。しかし、「近代」という時代には、変化ということは毎日のニュースに見られるように、日常茶飯事であり、それを知るだけでは時代の動きをわかることにはならない。動いている電車に乗っていても、窓がなければ、動いていることは感じられなくなる。ただ速度が増した時に感じられるのだ。時代の編集者としての柳田は、変化の速度ではなく、その速度がいかに変化しているか、すなわち、変化の加速度を感じ取ることに鋭敏であった。そして、その急激さがもたらす文化への変形、行き過ぎや立ち後れを指摘することに努めていたのだ。変化の加速度を感じ取ること、この章から学ぶのは柳田のその感性である。

キー・テキスト

木曾より五箇山へ

このテキストを選んだ理由は、第一に、一九〇九年における、岐阜の山中、高山までの道を往来する者が網羅的に記録されている点にある。柳田が旅行中にした、移動に関する、人力車上よりの「定点」観測である。こんな観察が、たとえば江戸時代の日本橋の上を行き交う人々に行われていたらなあ、と思う。第二は、自然描写のみずみずしさである。それはただ、楽しんでほしい。柳田が、若い頃、詩人であったことを思い出してほしい。このテキストは、柳田の旅行記をまとめた『秋風帖』（一九三〇年）に収められている。

五月三十一日、きょうも上々の天気。

下呂より小坂まで人力車。道は益田川の岸、桑畠の中、出逢うは桑の葉を運ぶ車及籠なり。

小坂より右へ、又落合川の上流、唐谷の御料林に入りて伐木を見る。此道三里余。

山の小屋に宿す。夜月よし。蛙啼く。

初めて蕨の粉を食う。これより北の山里、秋神の杣《そま》の者携え来りしものと云う。

六月一日、晴。

山を下る。杣の頭なる老人、途中まで案内して、木を流す堀川を見せる。竹の杖をつき、鹿の皮の山袴をはき、熊の皮の尻当をぶら下げたり。その写真を撮りしがよく写らず。

山の杜若《かきつばた》花、草の丈三寸ほど。谷の向うなる嶮しき山に、藤の花極めて多し。

谷に臨みて大木の栃あり。花満開、花の数は千以上あるべし。朝日の影に全容を浴して、壮麗無上なり。道に堕ちたる花を拾い見るに、花片は淡黄にして底の端を鮮紅に染む。兼々進化論には腑に落ちざる廉ありしが、果して栃の木などの立派なるは、生長と種類保存との為には非ず、此木が三十丈高く、花の底の鮮紅なるは恐らく彼の為に必要

御料林　皇室所有の森林。

杣　きこり。

にも非ず。人間を楽しましむる為と推定する方遥に妥当なり。

　渓流の対岸は絶壁にて御嶽へつづけり。絶壁の上は広き平地にて之を原八町と云う。栗の天然林なり。之を見つつ独り山を下る。

　道に四寸ほどの蛇を見る。子供の時燐寸の箱に入れて飼置きしことを想い出す。昔巨人が巨蛇と闘いし頃より、人の方は約百世なり、蛇の方は何百代を経たるか、御互に当時の強烈なる憎悪と畏怖とを遺伝して、今日尚打解くること能わず、何とかして完全なる平和を恢復し、同情の眼を以て彼の鱗の美を鑑賞したきものなり。

　渓も山もすべて青き中を、朝六《あさむつ》の橋のみ白し。此橋を白く塗りたる人は心あるか。古き伝説をよく味いて設計したるものか。

　小坂より高山へ七里の車、途中こんな人々に出逢う。曰く、子持の女を載せたる人力。村会議員とも云うべき男、手に団扇を持つ。旅稼の人夫二人又一人。職人二人、其一人は白衣。空の郵便車を曳く脚夫、笑いながら来る。小学校の子供二人又六人。下駄材を積める荷馬車。萌黄の風呂敷包を負うた娘。脚絆猿袴の商人。米俵を負える馬、空荷馬車。旅の農夫。荒物類の荷車。子供を三人載せたる村の荷車。土方。堆肥の荷車を引く百姓の夫婦。電信の工夫。農夫、谷川の水を見ながら来る。旅商人三人。下駄台の荷馬車六。郡農会の技手と云う風の男。自転車の高山人三人、やがて又引返し来り我車を追抜く。薬取の子供。石灰の俵を積む荷馬車。四十位の田舎の旦那、よき人力車に乗りて来る。若き木挽。郵便車。乾物の荷車。石灰の荷馬車六輛又四輛。二人にて曳く荷車に病人の婆、こわい顔をして寝て居る。乗馬を引く者。空荷車、上に塩物の籠一つ。農夫。子を負うた女。町へ出た百姓二人、又三人。夫婦にて曳く石灰車。高山の郵便配達人。買物に出た男四人。穀物の荷車。善光寺参りの老女二人。町へ出た人。躑躅を持てる女連三人等。

人間を楽しましむる為
本書にとっては横道にすぎないが、栃の進化を考えるのならば、同時に人間の進化を考えねばならない。なぜ人間（またはその一人としての柳田）は栃の大木の立派さと「花の底の鮮紅」を楽しむように「進化」したのか、と。

小坂より高山へ七里
現在、高山本線が走っているが、往時の道の険しさは十分に感じられる。

塩物
塩漬けにした魚。

柳田国男への
最短アクセス

明治年間の岐阜山中、「定点」観測

一九〇九年（明治四二年）、柳田国男、三三歳である。この年五月から七月にかけて、木曽から、飛驒、金沢を抜けて、但馬までの旅行をしている。彼は、二五歳で農商務省の役人となった後、こうした長期の旅行を毎年のように、その立場を利用しつつ、行っている。しかし、それは同時に彼の官僚としての「立場」を掘り崩すことにもなったかもしれないし、また、新婚二年目の一九〇五年にも、一九歳の妻を置いて、一年のうち、九十四日を旅に費やしているのは、婿養子としては失格しかねないところだ。

しかし、いや、だからこそ、と言うべきだろうか、この文章は若き柳田の、役所と家庭から離れて旅に出た彼の心の躍動、事物の観察力、好奇心が、生きのよさそのままに出ている。

五月三一日に山小屋に泊まった翌日、小坂から高山への行程は、前日からの好天に恵まれ、色彩豊かな風物となって柳田の前に現れる。行く道の杜若の花、向かいの険しい山を覆うかのような山藤の花、そして、谷にのぞんで、朝日を受けて輝く無数の栃の花。柳田は軽いユーモアとともに、その栃の花にからめて進化論への批判を加え、次いで目にした蛇については人類の記憶ともいうような論を述べる。橋の白さも緑に映えて、柳田の心も浮き立っている。

とはいえ、このテキストの圧巻は、「小坂より高山へ七里の車、途中こんな人々に出会う」以下の、観察リストである。それはすでにこの前日の日記にある、桑畑の中を行く間、桑の葉を運ぶ車にしか出会わなかった、という記述に伏線がある。桑畑の道と違い、小坂より高山への道は、山道とはいえ二つの町をつなぐ道路である。おそらく柳田は、前日に比して、そこを往来する人の多様であることにすぐに気がついて、初めのいくつかは記憶の中から、その後は眼前の行き来をメモに取り始めたに違いない。

私たちはここを読んで、各人の想像力によって、それぞれの発見をするに違いない。このわずか十三行の観察には恐ろしく多量の情報が込められている。だから、これから書くことはたまたま現在の私の視点からのいくばくかの発見であり、また何年かして読み返すと、私自身、別のことを見出すことになるだろう。

まず、自動車が一台も通らないことに改めて気がつく。ここに見られる交通手段は、徒歩、自転車、人力車、荷車、荷馬車、そして乗馬、である。私は、一九八七年に中国の各地を回った時のことを思い出す。その当時の急速な経済発展の中、中国の地方の都市では、自動車のかたわら、荷馬車と人力による手押し車が、同じ道をひしめいて進んでいた。また、木曾の山中、柳田自身は人力車に乗っている。あれは何も町の中を走るだけではなかったのか。

それらの中でも郵便車が二回と、郵便配達人が一回記述されていることに注目する。明治の四二年、この年にすでに、郵便のネットワークはこうした山の中にも堅固に張り巡らされていたことが知れる。同様に、「小学校の子供」、「電信の工夫」、「旅商人」と、若い日本の教育、通信、商業の各制度、ネットワークの一端がここに見られる。道が社会の血管であるとしたら、明治の末年に、こうした山中の末端まで、新しい社会制度が若々しく脈打っていたことがわかる。

また、そうは言うものの、「薬取の子供」、「二人にて曳く荷車に病人の婆、こわい顔をして寝て居る」という二つからは、医療のシステムに関しては少なくともこうした地域では不十分であったことが窺い知れる。いや、ひょっとすると、医療に関しては、九〇年後の現在でも姿を変えた不備が続いているのかもしれない。

もう一つ指摘しておきたいのは、ここにも前章の「山の中」、「移動」という二つのテーマが見られることだ。柳田には「峠に関する二三の考察」(一九一〇年)という文章がある。それは日本列島の集落間の関係における峠の重要性、そして峠を越えての交通が平地に作られた道路と鉄道によって衰退させられることへの考察であるが、この山道には、衰退はまだ顕著には見られない。中世以来の、海沿いの道ではなく内陸、山中の交通が主であった歴史が、ここに示されている。

こうして無事に高山に着いた柳田は、そこで一泊し、熊の胆を買ったりしているが、六月三日の項に、こんなことを書いている。「贅沢なる言草ながら、丸々目的の無き旅をして見たし。毎年旅行に出づれど、まだ放縦散漫の趣味は解し得ず。」役人の給料を取っていながらまことに「贅沢」なものであるが、この漂泊の心は柳田にとって断ちがたいものがあったようだ。結局、彼は、これから一〇年の後、官史の職を辞した翌年の一九二〇年、「最初の三年間は国の内外を旅行させる条件で」、朝日新聞社客員となるのだ。

柳田国男を開く

キー・テキスト

のしの起源

私は柳田の民俗学的な仕事を代表する文章を探していて、これに行き当たった。このテキストは、元々、外国人に日本のフォクロア（民俗学）を解説するための、翻訳予定の文章として書かれたものであるから、偶然ではあるが、選択は適切であった、といえよう。書かれたのは、一九三八年。『食物と心臓』（一九四〇年）所収。しかし、テキストの長さを考えなければ、他にも柳田の民俗学に関わる文章にはすばらしいものがたくさんあって、一つに絞るのはほとんど不可能。無数の内からもう一つを選べば、「眠流し考」（『年中行事覚え書き』所収）。

何か実例を以てこの日本の学問の特徴を説明しようとなると、やはりノシの話などがちょうど手頃なのである。永い間の習わしによって、今でも我々はノシを附けてないと、本当に物を貰ったような気持がしない。何か事情があってノシを附けて来ぬときには、附いて居るものと見てくれというような言葉を、是非とも添えないと気のすまぬ人もまだ多い。ところが是ほど欠くべからざるノシというものを、附けてはならぬ場合が三つまでは確かにあるのである。其一つは贈り物が魚鳥であるとき、二つには何か簡単な動物質の食料たとえば鰹節などが、既に贈り物に取添えてあるとき、第三の特に重要なる制限は、葬式法事などの精進の日、即ち所謂なまぐさいものを食べてはならぬ日の贈り物である。この約束は現在も固く守られ、忘れてそんなことをすると少なくとも大いに笑われる。たった是だけの事実を見ただけでも、少なくとも、ノシが魚類その他の所謂なまぐさい食物を、代表するらしいことまでは推測し得られるのである。

ノシは商品であるが故に、田舎には其用意の無い家も稀では無い。そういう場合に何を代用にして居るかと見ると、最も質素な例は鳥の羽を一枚、或は海魚を調理した際に尾だけを保存して置いて、之を戸や壁に貼りつけ乾かしてあるのをよく見かける。小さ

なまぐさい食物
なまぐさい食物とは、タンパク質性の食物である。人間にとって、タンパク質は不可欠であり、どのような文化でも、このタンパク質性の食物の重要さは変わらない。多くの文化で、さまざまな形で肉食のタブーがあるのも、逆にタンパク質の重要性を表している。ここにある、贈答における魚鳥や「動物質の食料」がノシに関して特別のカテゴリーであること、そもそも、ノシが「タンパク質」であることは、ノシの原初における成立の理由に、タンパク質性の食物の重要さがあることを示している。

な贈り物には此尾を細く割いて、ノシの代りに添えても贈るのである。或はノシという文字をやや図案風に、包み紙の上に書いて持って行くこともあるが、是は勿論文字を識らぬ人には向かない。だから小学教育が普及してから、用いる者が多くなって来たのである。それから今一つ、東京などでは俗に「いも」というノシの描き方がある。是は平仮名のいもと似て居るからそういうだけで、実は文字でも何でも無く、ノシの一種の束ねノシというものの略画である。

ノシは一般に近世に入ってから、小さく簡略なものになって来て居るが、今でも定まった二三の場合だけに、本式の大ノシというものが見られる。その一つは婚礼の祝いの時で、聟方嫁方の交換する数々の贈り物に、この大きな昔風のノシが添えられるのみならず、夫婦の盃事にも紙には包まない長い熨斗《のし》鮑《あわび》が、儀式の肴として二人の前に台に載せて出される。第二には新年の節日にも、同じ高折《たかお》敷《しき》に載せて床の間に飾られ、家によっては之を玄関の正面、年賀の客の見る所へ出して置くものである。このノシの用途も既に忘れてしまった人が多く、或は意味の無いただの飾り物のように認められるまでになっているが、地方の多くの類例を比べて見ると、是が正月の正式の食物であったことは直ぐにわかる。日本海岸のほぼ一帯に亘って、この台に載せた食物を「御手掛け」と謂って居る。表口に新年の訪問者が来ると、主婦はこの台を持って出て答礼をする。そうしてただ形式だけに其食物を勧めると、客は恭しく其器に手を掛けて、それで食べたことにして挨拶をして行くのである。家のうちの祝いの食事にも、是を主人から僕婢の末まで順々に戴かせて居る家も少なからず、中には現実に少しずつ之を食べる例もあって、或は喰積《くいつみ》とも謂って居るのは、本来は摘んで食うものだったからである。但し食物としてはどれも是も時世おくれの品で、僅かに串柿ぐらいが小児には人望があるばかり、其他は歯の丈夫だった昔の人たちが、盛んに食べて居たという歴史があるだけで、もう今日の食卓には上らない物が多い。のし鮑はつまり其食品の一つだったのである。現在は是を買求めることが容易でない故に、大抵の家では之を省いて居るが、其代りには干鯣とか「ごまめ」とか、海から取った動物質の食品を、絶対に欠くべからざるものとして居る。

ノシが鮑の肉を細く長く剝いて、伸ばして乾した食物であったことを、自ら此生産に携わった家以外の人が忘れてしまったのは、原因は全く料理法の変遷に在るようである。最近の僅か百年の間に、普通人の食べるものが日本では丸々と言ってもよいほどに変って居る。著しい幾つかの点を挙げると、先ず全体に甘味が多くなって居るが、是は砂糖の得やすくなった為で、我邦だけに限られたことでも無い。次にはすき焼きなどという類の、温かくて汁気のある食品が多くなって来たことで、是は木炭の普及と「こんろ」だの火鉢だのという簡便な火器の多くなった結果である。昔の人も温かいものを食うことを悦んで居たけれども、囲炉裏の焚き火だけでは多くの人に供給し難かった故に、少なくとも正式の会食には、冷たい乾いた食物を通例としなければならなかった。それからなお一つ、全体に食べ物が軟かくなったこと、是が又近代の新現象であった。日本は現在歯科医の非常に繁昌する国になって居る。それが料理法の変化の原因であったか、但しは又結果であったかはまだ明言することが出来ぬが、とにかくに今の日本人の歯では、到底処理することの出来ぬものを、その親祖父母は平気で咬み砕いて居たのである。米嚼みというのが顔の左右側、耳と眼との間にある筋肉の名であるのを見てもわかるように、以前は是を大いに働かせなければならぬ食物が多く、生米は又その一つであったのである。正月に蓬萊という台の上に飾るもの、又は結婚の式の日に、今では目で見るだけであるが、なお必ず酒の肴として供えなければならぬとして居る古風な食品は、何れも此類の堅い乾いた、焼きも煮もせずに其まま食べられるものばかりであった。そう

冷たい乾いた食物
これが正式の食物であることは、神社のお供え物や、古式の祭りの食物を見ると分かる。それよりずっと下って、現在の和食でも、たとえばヨーロッパ人の眼（口？）には、ずいぶんと冷たい乾いたものであると映るようである。レヴィ＝ストロースという文化人類学者が、生（なま）のものを火によって料理することに文化の原初的な働きを見出している。その中でも煮たものより焼いたものの方が、「文化」としての火を、鍋などを仲介とせず、直接受けるので、より格の高い料理であるとしている。しかし日本では、火によっては調理せぬ、自然の過程（太陽光？）で作られる「乾物」への価値付けがあるように思える。

いう中でもノシ即ち熨した鮑などは、比較的早くから普通人の食物では無くなって居たらしいが、其理由は経済的のもので、生理的のものではなかった。此貝の生産がやや減じて市価が高くなり、一方にもっとうまそうな色々の食料が、同じ価以下で供給せられることになったからである。その結果としては若干の余裕ある家で、又は一生涯に何度という祝宴の日だけに、最初から之を栄養の資料とすることを断念し、単に古来の式を守るという意味で、之を用意するだけの者が多くなり、段々に食卓とは縁が薄くなって来たのである。ノシの生産方法も此に伴のうて、少しずつ変って来て居る。この頃の装飾を主とした長ノシなどは、たけが長く形が美しく、出来る限り薄く引伸ばして、セルロイドのように半透明で光って居る。見たところは立派だが、其代りには如何に歯のよい人でももう之を嚥み下すことが出来ない。質素な家庭では式がすむと大事にしまって置いて、次の機会に取出して使い、又隣人が之を借りに来る。その度毎に新しく紙を以て包みなおすので、今ではその包み方や結わえ方に、寧ろ物々しい多くの作法が出来て居るのである。明治の統一時代に入って、此風習は更に多数の小家庭に普及すると同時に、又一段の形式化が行われた。都市の小売商業が傍に在って之を促進したことは、他の多くの生活部門も同じである。乃ち以前ならば鳥の羽を一枚、もしくは海魚の尻尾の片端を附けるような小さな贈り物にまで、やはりノシという名を以て呼ぶものを、貼りつけて持って行くようになったのである。婚礼その他の重々しい祝いの日に、用いて居る本式の長ノシに比べると、是は別の物かと思うほど小さい。紙には赤青の絵模様が印刷してある。しかしその包み方は双方同じであるばかりか、よく気をつけて見ると其まん中に、幅一センチメートルほどの熨し鮑の、細い一片が挟んであるのである。それを此頃では又省略して、単に黄な絵具を以て其形を出し、或はただ一枚の紙に、ノシ全体の絵を印刷するようになっただけで、先ず是ほどにしてまでも、我々は贈り物には必ず鮑の干したものを附けるという、旧慣を固守して居るのである。

米嚼み
唐突な話だが、昨今の日本映画を往年のものと比べると、出ている俳優の顔に、多様性がないことに気が付く。簡単にいってしまえば、顔に味がない。いま「七人の侍」を作っても、七人の内、何人かは同じような顔になってしまうことだろう。比べて、いまの中国映画には、実際その地で生きている人か、と思わせる、深い味わいの顔を持つ俳優が現れる。それがいまの日本人の米嚼みの未発達と関係ないだろうか、と思うのだ。幕末の志士の頬骨と米嚼み。ハリウッドのアクションスターも米嚼みが売りである。

日本をフォクロア(民俗学)する

ノシを見たことがない

私たちの生活に、まだ、ノシの習慣は生きている。デパートで、たとえばクッキーでも買って、自家用かと聞かれて贈り物だ、と答えると「ノシ紙をおかけしますか」と問われる。あの、横に紅白の水引と、右上方に印のようなものが印刷されている紙のことである。それが何であるかは考えずとも、私たちは、とりあえず、贈り物にはノシ紙をかけるものだと思って、そうして下さい、と答える。どこがノシかというと、その右上の「印」、槍の穂先のような説明しがたい形状のものが、ノシ、干しアワビの「のし」たものの痕跡なのである。結婚式にお祝いのお金を包んでいくとき、あの寿の字と金や銀の水引の袋にも、やはり右上に同じものが認められるが、こちらの場合は黄色い薄片が付いていることがあって、アワビの痕跡はよりはっきりしている。しかし、いずれにしても、ノシを付ける習慣は残っているものの、ノシ、そのものは私たちの生活の中から消えてしまっている。

とは言えど、ノシ自体が全く死滅してしまったかというとそうではない。柳田が書いているように、それはお祝い事の席に現れることがある。たまたま私は最近になって新年のお茶会、初釜の席で本物のノシというものを生まれて初めてみたのだが、一見すると珍奇なもので、べっこう飴の細工(これもまたほとんど消えかけているが)による幅広のリボンのようで、それが「ノシ」である、ということは説明を聞かされるまでわからなかった。でも、その私が見た「セルロイドのように半透明で光って居る」「長ノシ」が昔のノシであるか、というとそうではない。柳田が書いているように、それは、儀礼作法の象徴物として使われていたのしアワビが、近年、一層その装飾性を強めたものなのだ。

柳田の文章に沿って考えてみよう。

まず、贈り物にノシを付けることが「永い間の習わし」として行われていた。

ここで大急ぎの補足を一つ。このノシと限らず、こうした「長い間」がいつからのことか、または「昔」がいつのことか、柳田の論では必ずしも明瞭ではない。はっきり書いていることもあれば、ぼかしていることもある。しかし、すべてにわたって言えることは、柳田は、江戸末期から明治近代の変わり目、その前と後をいつも問題としている、ということだ。私たち読者は、あとでほかの本を読んで実際の歴史の時間的変遷を補うとしても、柳田の文章を読んでいるときは、その柳田の「近代以前」、「近代以後」という二分法を念頭に置いて読むことになる。

そうだとして、話を戻すと、このノシの習わしにも、「近代以前」にさまざまな代用品があった、という。昔の人にとってもノシはすでに自分で作るものではなく、「商品」であったから、それが容易に手に入らないところや、それを買えない人たちには、鳥の羽、海魚の尾が代用されていた。そうしたものが代用品とされていたことも興味を引くが、ノシが手に入らない人々がそうした代用品でもよいから贈り物に付けようとした、ということはその習慣の強さを示している、と考えられる。

しかし、逆に、最初の頃は、のし鮑、鳥の羽、海魚の尾はすべて贈り物に添えるシンボルとして同じように働いていたのでは、という仮説も思いつく。その中で、のし鮑だけが商品となった、と。読者の中には私と同じように考えた人もいるだろう。この考えをもっと発展させるために次の作業をするとしたら、歴史資料と最近の民俗資料を調べることだ。また、祭りの中には古い慣習が形式として残されていることがあり、もしかすると現在でも、どこかにそうしたものが、見つかるかもしれない。

今は再び柳田の文章に戻るとすると、もう一つの、近代以前の変化は、ノシが小さく簡略なものになっていった、ということである。そしてそれに反するように、婚礼の祝いや新年に飾るものなどは逆に大きくなっていき、それは近代以前・以後の変わり目を越えて、現在に至るまでひたすら大きく、華麗なものへ、の一途をたどったようだ。

近代以降の変化は簡略化の中でも、シンボル化が進み、ことに、ノシという文字をデザインしたものもあったが、柳田はそれを、文字を知らないと意味がないことだから、小学教育が発達してから、つまり明治以降の代用だ、と考える。それはどうだろうか。文章を読む、という識字率とは別の、そうした「のし」だけでなく、生活に関わる文字を読むというくらいの「識字」は、近代以前でもかなり高かったと考えられる。そうすると、ここの柳田の論は、「明治以降はそれが強まった」とでも読み替えていかないとならない。

もう一点、柳田が押さえているのは「食物」としてのノシである。現在の長ノシが固いからといって、それは、装飾性を増すために食べ物としての用途が無視された結果ではない、と言う。どれくらい昔かは分からないが、そうした固いものを「その親祖父母は平気で咬み砕いて居たのである。」なるほど、私たちにはとうてい食べ物とは思えないようなものも昔は食べ物だった、という具合に「食べ物」のみならず、「食べる」ということ自体から「咬み砕く」ようなことが消えたのだ、ということが考えさせられる。そして、この文章が書かれたときから、半世紀以上経って、私たちの「米嚼み」（！）はさらに退化していることだろう。そして、ノシの方も、「幅一センチメートルほどの熨し鮑」が、現在では さらに、やや高価な結婚式の祝い包みでも、幅五ミリメートル程度の着色紙片にまで、退化している。それでもノシは付けるのだ。

日本のフォクロア

さて、この「のしの起源」という文章は、副題に「日本のフォクロア」とある。つまり柳田国男が、日本の民俗学について外国人に読ませるために、翻訳を予定して書いたものである。ここで、日本の、と付いているのは、外国との違いを強調しているのだ。柳田は外国と比べて日本では昔のことがいまだによく残っている、彼の言葉を借りれば、「同じ一つの慣行なり伝承なりを、あらゆる変化の階段に於いて土地毎に観察することが出来る」、と考えている。

それはノシ、という一つの例でも示されたが、私たちの日常的な感覚から、それはある程度言えそうな気がする。日本では、衣、食、住、のいずれをとっても、西洋起源のものと日本起源のものとが、あい並んで共存している。衣などは一番西洋化されている分野だが、それでも女性の晴れ着では、伝統的なきものはまだ有力であり、工芸としてのきものは技巧の精妙さが昔より増してさえいる。ちょうど長ノシのように。食では日本食は我々の常食であり、中にはスシやその他のいくつかの料理など、多少変形されて、外国に輸出されているものすらある。住は、基本的には西洋化されているが、靴で家に入る、という習慣までは受け入れられていない。私たちはこれからも当分は、靴を脱いで家の中に入るだろう。ただ、履いたまま、と、脱ぐ、との妥協点として、スリッパなるものを多用する習慣が普及した。こうしたことは柳田がこの文章を書いた頃には、もっと日本的なものが優勢であったはずで、柳田が日本には昔からのものがより多く残っている、と考えたのは当然といえよう。そして今なお外国人が日本のことを、伝統的なものと近代的なものが共存している社会、と評するのは、当たっているだろう。

ところが、衣、食、住という生活のレベルから離れて、ものの考え方や人間関係になると、そこに、いかに伝統的な慣行や伝承が残っているかを示すのは、より複雑で難しくなる。しかし、たとえば新聞やマスコミのいろいろな事件への論評で、「日本社会の古い体質が残っている」という言い回しがなされることをよく目にする。それは、義理や情に価値を置く人間関係によって「合理性」が否定されたり、近代的な明文化された契約関係とは裏腹の贈答の慣行によって「汚職」が行われたりすることを指すのだが、これは、マイナスの側面からではあるが、ものの考え方や人間関係に於いても、日本にはまだ古い形が強く残っていることを示している。そして、「マイナス」と書いたが、問題となっている「合理性」自体、西洋的な合理性であって、日本社会にそれが適用できるのかという反論はありうるし、「汚職」と呼ばれる贈答の中に、人間関係をスムースにするための私たちの長年の知恵が込められている、というのも事実だ。ただ負の遺産であるなら、いずれ消えていくのであろうが、そうとは思えない。ノシを見たこともないのに「ノシを付ける」、という慣習の根強さは、その人間関係をスムースに取り行う、ということと関係するだろう。

私がこうしたことを書くのは、そうした日本に住んでいる私たちが柳田を読むことは、日常的な思考としてのフォクロアを行うことだ、と言いたいからだ。私たちが西洋近代的なものと伝統日本的なもの、の二種類の物質文化を生きることを日々、バランスを取りながら行っていること。西欧的な社会観が本流だと意識しながらも、私たちがそれとは違った人間関係と人生の理想の下に、西欧的な生き方とは交わらない平行線の道を歩んでいること。そうした自分や自分たちが何であるか、は、誰もが口に出さなくても心の内に考えている。そうしたことを考えるための一つのモデルとして柳田の著作を読むことが出来る。

ノシ鮑という物質文化とそれを贈り物につける慣習。そこからだけでも、私たちの食生活における海産物の意味、贈答という社会的な関係の側面といったことが見える。柳田が考えたかったことは、「昔」という時代が何であったかではなく、それぞれの「今」という時代が、昔のものと今のもの、輸入されたものとこの社会に自生したもの、とを、私たちがどのようにコントロールして、編集しながら生きているかを探ることであった。農村に分け入って今も残る道具や祭りを探索することがフォクロアだとイメージするより、日本社会の「談合」や「汚職」が、なぜそういう形で、今もなお有り続けるのかを考えることの方が柳田の思考の目的に近い。

柳田国男を開く

キー・テキスト

木綿以前の事

柳田の関心は、ものではなく、こころとからだにある。木綿に着目するのは、その移入によって日本人のこころとからだが変わったからである。そうした変化は、歴史の中ではあまり取り扱われない。これまでの「歴史」というものは、政治と経済のシステムの移り変わりを変化としてあつかうから。しかし、新しい歴史学、生活史では、むしろこうした、一般の人々の生活、その中のこころとからだの変化が主役である。「木綿以前の事」は、一九二四年に書かれ、同名の『木綿以前の事』（一九三九年）所収。

木綿が我々の生活に与えた影響が、毛糸のスエーターや其一つ前のいわゆるメリンスなどよりも、遥かに偉大なものであったことはよく想像することが出来る。現代はもう衣類の変化が無限であって、特に一つの品目に拘泥する必要も無く、次から次へ好みを移して行くのが普通であるが、単純なる昔の日本人は、木綿を用いぬとすれば麻布より他に、肌につけるものは持合せて居なかったのである。木綿の若い人たちに好ましかった点は、新に流行して来て珍しいと云う外に、なお少なくとも二つはあった。第一には肌ざわり、野山に働く男女に取っては、絹は物遠く且つ余りにも滑らかで稍つめたい。柔かさと摩擦の快さは、寧ろ木綿の方が優って居た。第二には色々の染めが容易なこと、是は今までは絹階級の特典かと思って居たのに、木綿も我々の好み次第に、どんな派手な色模様にでも染まった。そうして愈々棉種の第二回の輸入が、十分に普及の効を奏したとなると、作業は却って麻よりも遥かに簡単で、僅かの変更を以て之を家々の手機《てばた》で織出すことが出来た。其為に政府が欲すると否とに頓着なく、伊勢でも大和河内でも、瀬戸内海の沿岸でも、広々とした平地が棉田になり、棉の実の桃が吹く頃には、急に月夜が美しくなったような気がした。麻糸に関係ある二千年来の色々の家具が不用になっ

棉種の第二回の輸入
第一回目は八世紀の末に移入されたが栽培は失敗した、と『日本後紀』にある。「第二回」というのは、鎌倉時代以降、中国大陸から、後に朝鮮半島から、の輸入品を指す。栽培はここに書かれているように、十六世紀になって、太平洋沿岸から瀬戸内にかけて、盛んになった。

手機
手足で織物を作る機械。

て、後には其名前までが忘れられ、そうして村里には染屋が増加し、家々には縞帳と名づけて、競うて珍しい縞柄の見本を集め、機に携わる人たちの趣味と技芸とが、僅かな間に著しく進んで来たのだが、しかもその縞木綿の発達する以前に、無地を色々に染めて悦んで着た時代が、斯うしてやや久しくつづいて居たらしいのである。

色ばかりか之を着る人の姿も、全体に著しく変ったことと思われる。木綿の衣服が作り出す女たちの輪廓は、絹とも麻とも又ちがった特徴があった。其上に袷の重ね着が追々と無くなって、中綿がたっぷりと入れられるようになれば、又別様の肩腰の丸味ができて来る。全体に伸び縮みが自由になり、身のこなしが以前よりは明かに外に現れた。ただ夏ばかりは単衣の糊を強くし、或は打盤で打ちならして、僅かに昔の麻の着物の心持ちを遺していたのだが、それも此頃は次第におろそかになって行くようである。我々の保守主義などは、言わば只五七十年前の趣味の模倣に過ぎなかった。そんな事をして居る間に、以前の麻のすぐな突張った外線は悉く消えて無くなり、いわゆる撫で肩と柳腰とが、今では至って普通のものになってしまったのである。それよりも更に隠れた変動が、我々の内側にも起って居る。即ち軽くふくよかなる衣料の快い圧迫は、常人の肌膚を多感にした。胸毛や背の毛の発育を不必要ならしめ、身と衣類との親しみを大きくした。乃ち我々には裸形の不安が強くなった。一方には今まで眼で見るだけのものと思って居た紅や緑や紫が、天然から近よって来て各人の身に属するものとなった。心の動きはすぐに形にあらわれて、歌うても泣いても人は昔より一段と美しくなった。つまりは木綿の採用によって、生活の味いが知らず知らずの間に濃かになって来たことは、曾て荒栲を着ていた我々にも、毛皮を被って居た西洋の人たちにも、一様であったのである。

袷
表裏を合わせて作った衣服。裏を付けないのが単衣(ひとえ)。

単衣の糊を強くし
柳田は、糊にはそれ以前の麻の着物の心持ちが遺っていたのが、「次第におろそかに」なった、と記す。しかし、日本の着物は、木綿、絹であれ、糊はなくともきちんと畳むことによって、突っ張った外線を保持することに意を払ってきたのか事実である。現在でも日本人が着るワイシャツの糊は、欧米人のそれよりも遥かに強い。多湿の気候の中　肌と衣服のあいだに空間を作ることで涼を求めた、と考えられるが、如何。

柳田国男への
最短アクセス

文化がからだを変える

木綿がからだを変えた

衣服には、寒さ暑さをしのぐという有用性と、色や形で着ている人を表現する表象性の二側面がある。この文章が扱っているのは、その二つの機能が重なっているところである。

人類が「新人」という現在の進化段階に達したとき、からだには毛がほとんどなくなっていたにもかかわらず、まだ布を織る文化を持たなかった、ということは、大変な不運であった。私は以前、群馬県の、縄文時代の住居跡の発掘に立ち会ったことがあるが、一〇月ですら日が落ちると、寒さは地面からはい上がって来て、縄文時代の不十分な暖房（たき火）と不十分な衣服（毛皮とかんたんな織物）では、真冬には想像を超える寒さと戦っていたのだ、と気が付いた。織物の技術の誕生は、そうした人間に、保温の点でも、外界から肌を守るという点でも、伸縮性の強い、重ねることの出来る、実に有用な、布という素材をもたらした。しかし、その段階に達した後でも、この文章で述べられている麻から木綿への変化は、木綿の質がもたらす保温力と肌に優しく添うしなやかさによって画期的なものであった。

柳田も木綿の持つそうした有用性を、重ね着ではなく、中に綿を詰めて暖かくすることが出来る点で触れている。しかし、この文章では、量的には衣服の持つ表象性の方についてより多く語り、さらには大胆にも、木綿の持っている性質が日本人のからだを変えたことについて説く。

まず眼。木綿はそれを「我々の好み次第に、どんな派手な色模様にでも染」めることが出来る。色を楽しむことは「絹階級の特典」だったのが、「野山に働く男女」にとっての喜びに広がったという。「今まで眼で見るだけのものと思って居た紅や緑や紫が、天然から近寄ってきて各人の身に属するものとなった。」こうした、いわば、自然の中の虹の色が、野山に働く男女のからだの色となったのならば、それは逆に彼らが野山の彩りを変えることになったろう。こうした変化は、おそらく、最近でも、化学繊維と化学染料の導入によって起きたことに違いない。それによって、街中がはるかにカラフルになった。一つの素材の出現が、目に見える風景を一変させる、ということがあるのだ。

次いで、肌。「軽くふくよかなる衣料の快い圧迫は、常人の肌膚を多感にした。」それは胸毛や体毛の発育を押さえて、人は衣類を肌で親しく感じるようになった、という。そして、ここが論理的には「跳躍」なのだが、「乃ち我々には裸形の不安が強くなった」と、続く。柳田は一連のこうした変化を、生活が「濃か」になった、と説くのだが、それはからだの変化でもある。

からだの変化は二点において言えるだろう。まず、からだの肉体自体が変化する。体毛が減り、肌が敏感になる。麻から木綿への変化、といったものがせいぜい五〇年、一〇〇年という時間の幅のことがらであることを考えると、そうした短時間に人間の形質的な変化が誘発される、と考えるのは疑わしいが、柳田の主張を、人間にとっての衣服の歴史という、より長い時間の物差しを用いれば受け入れられる。また、ある個人が、一生を寒さにさらされている場合と、ある衣服や素材が与えられた場合では、肉体的な変化が個体の上に起きる、と考えてもよい。

もう一つのからだの変化は、肉体そのものではない。私たちには、社会生活の中で、自分の社会的存在をあらわすものとして、身振りや衣服で表現している、「身体」というものがある。逆に言えば、私たちは裸の肉体のそのままを人目にさらすことや、人前に、あるきまった姿勢や身振りを取らずに現れることはない。いつもある文化的に作られた規範に則った「身体」をもって人に対している。躾という語は、身を美しくする、つまり、からだを文化的に仕立て上げる、ということなのだ。だからそうした身体は、ある社会の、そのときの文化によって決まってくる。自分のからだにどのような色彩をまとうのか、「裸」であることを避けるために、どの肌をどのように隠すのか、そして、衣服によっておおわれたからだを、どのような丸みの線で表し、どのような身ごなしで動かすか、ということが、文化によって決まる。日本への木綿の導入によって起きた身体の形成もこうしたことである。こうして、木綿が日本人のからだを変えた。

しかし、ここで一つ補足しておきたいことがある。柳田は、木綿の導入によって日本人は裸であることの恐れが強くなった、と書くのだが、たとえば幕末になっても、多くの外国人旅行者の眼には、日本人、特に力仕事にたずさわる男たちは、ほとんど裸に近い格好で働いていると映った。肩脱ぎをし、尻を端折って、ふんどしを見せて立ち振るまう姿を見てのことである。その驚きには二つあって、一つは寒さに対する抵抗力の強さと、もう一つは裸（に近いこと）への無頓着さについての驚きである。

初めに書いたように、日本は、少なくとも冬は寒い。それにもかかわらず、住まいや衣服が冬ではなく夏向きと思えることは、よく指摘される。麻から木綿に変わった後でも、外国人の目には、日本人が薄着であり、肌を露出することが多いと見えたのは、「衣服」の素材の変化にもかかわらず、それ以前の「着る」ということに関わる「慣習」が根強く残っていたことによる、と考えられる。そして、ひょっとすると、近年、都市の夏のファッションで、肌の露出度が増しているのは、世界的な流れを汲んでいるだけではなく、慣習として元からある、肌の露出度についての許容度の高さによるのかもしれない。

「以前」と「以後」

「木綿以前の事」というタイトルは秀抜で、そして深い意味を持っている。その意味とは、ある変化の「以前」と「以後」を画すものが、政治的事件ではない、ということだ。そのようなことは当たり前のようでいて、柳田「以前」はあまりなかった。今でも少なからず、歴史が語られるとき、時代を画するのは、幕府が出来た、とか、ある法律が施行された、という、政治的事件であると考えられている。ところが、柳田は木綿の導入が世の中を変えた、と考えたのだ。そして、それは人々のからだとこころをその奥から変えて行くものであった、と説いている。そうした大きな、深いところからの変化が、権力や軍隊、資本といったものではない、木綿というふだん使われているなにげないものによって起きた、という発見がここにはある。軽やかで深いタイトルである。

こうした歴史のとらえ方は、今では生活史、と呼ばれ、目新しいものではなくなっているが、柳田は、それを、あの時代に分け入ったのだから、えらい。こういう生活史、柳田が考える「フォクロア」のとらえ方で、今の私たちの生活を考えてみよう。

木綿のような変化をもたらしたものはあるか。たくさんありそうな気がする。たとえば、建築に用いられる「鉄骨」とか、あらゆるものを一新した「電気」。しかし、それでは、「木綿」、という具合に、身近で日常的な「もの」のレベルで急所をつかんだ柳田の手法から離れてしまう。もっと具体的な、からだに近いものとして、古くは自動車、最近ではウォークマンを取り上げてみよう。

もし、こうした商品が、単に私たちの生活を変えた、便利にした、というだけでは「自動車以前の事」、「ウォークマン以前の事」という深さでは論じられない。すべての新製品は程度の差こそあれ、私たちの生活を変えている。

この柳田の文章の要点は、すでに述べたように、木綿の導入で人々のからだが変わり、それによって、人間と世界の関わり方が変化した、ということだ。その点から見て、自動車とウォークマンはどうだろう。自動車というものの持つスピードは、人々のからだを変えた。初めて汽車に乗った人は、そのスピードに付いていけず、車窓の風景をしっかりとはとらえられなかったという。それがさらに自動車になり、自分で運転をする、ということが加わって、人のからだをそうしたスピードと、方向の自由な変化に対応できるものとすることで、人と世界の関係は刻々と互いの位置が激しく移り変わるものに変わった。

ウォークマンのもたらした変化は、また興味深い。ウォークマンを付けて音楽を聴いているときは、人は通勤電車の空間から離れることが出来る。それは何も目をつぶって目の前のことを忘れて夢想する、ということではない。目ではしっかりと次の駅が何であるかを確認しながら、自分のからだを音楽で満たして、目の前の世界に対処することが出来る。

たまたま、慎重に選ぶこともなく、この二つを取り上げて考えてみたが、その変化に、類似のものを感じる。木綿が眼と肌によって、色と感触という、私たちと世界の接触部分の変化をもたらしたとすれば、自動車とウォークマンは両方とも、スピードと音で私たちと世界の距離感を変化させている。自動車は遠くの世界を近づけ、ウォークマンは近くの世界を遠ざける。

同じことを読者は、携帯電話、で考えることもできるだろうし、サランラップで考えても良い。水洗トイレを、特にウォシュレット、という革新の点でとらえるのも面白そうである。いずれにせよ、考えるポイントは、私たちと世界の関係の変化が、からだとこころを通じて起きていることをとらえることである。従来は、外から頭に入ってくる世界観、たとえば宗教とか政治的イデオロギーによって、私たちと世界の関係が変わる、歴史が作られる、ととらえていたものを、私たちのよって立つ、からだという内側から変わっていく仕組みを考えるのである。前節の「のしの起源」とおなじく、これが柳田が考えたフォクロア、生活史である。

キー・テキスト

外で飯食う事

このテキストが収められている『明治大正史 世相篇』（一九三一年）を、柳田国男の最も優れた仕事として推す人も多い。同時に面白い。近代という時代の中の「現代」という時間、それは私たちの全てがここ百年以上、生きてきて、そしてこれから当分のあいだは、その中に生きていく「いま」であるが、そこに起きていることを理解、分析するために、この本は、必読書である。どのテキストをとってもよかったが、身近で、今なお進行している、という点で「食」の世相の変化を選んだ。

飯事《ままごと》と称する児童の遊戯は、恐らく日本でばかり特に発達した行事であろう。是は屋外の食事が盆とか春の節供とかの定《き》まった日に、非常な快楽を以て企てられた名残であって、子供が忘れかねて今でも其模倣をくり返して居るのである。それ程又手数のかかった重々しい支度でもあった。庭竈《にわかまど》を築《つ》いて多勢の食物を煮る日などは、今でも大人たちが直ぐに昂奮する。理由は他人の中で食事をするということが、本来は晴であったからである。晴には大抵は酒を伴い、笑い楽しむ種も多かった代りに、男の仕事なので浪費も大きく度々あっては必ず貧乏をする。それで小児《こども》がいつ迄も記念する程に、其機会を制限して居たのである。

しかし其様にせずとも外で食うことは楽しかった。内々の必要には家の竈で調理したものを、携えて出て行って便宜の清水に就いて食った。古くは駄餉《だしょう》と謂い後には弁当と謂ったのが是で、腰に弁当を附けるということは、連日外に出て働くという意味であった。明治に入ってから腰弁という語が、一種の群だけを指すことになったけれども、腰には結えぬだけで弁当は馬車の人も持ちあるいた。弁当の方は家の食事よりも、幾分か簡素で又常に冷たかった。常人の兵粮《ひょうろう》は握り飯ときまって居た。之をヤキメシと呼ぶ土地が多いのは多分焼くだけは外の火を使ったのであろう。それから追々に外で食う機会

庭竈
正月、土間に築いた竈。

男の仕事なので
筆者の調査した、ある東北地方の正月祭りでは、料理も給仕も男がする。「世帯持ち」と呼ばれる、宴会総支配人が全てを統括し、実に小気味よく進行する。ホテルの宴会の、戦争のような忙しさの中の男の働き。まさに伝統的な、晴の舞台での男の役割。

が多くなった。第一には遠くの地に一家《け》が出来、もしくは一家《か》同様という知人が出来て、略式に常の食事を分配してくれる。客と称して其実は三月半歳《はんとし》、臨時に他家の家族となることも新らしい慣習であったと思う。

　其次に現われ来たりしものが茶屋であった。茶屋は文字の通り道傍《みちばた》に茶を鬻《ひさ》いだのであるが、手軽に温かな飲物が得られるようになって、弁当の意義がよほど変った。それから一歩を前へ煮売茶屋というものの、出来たのも亦自然である。講釈師ばかりは水戸黄門などの頃から、斯んな機関が有ったように言うが、実は明治の僅か前からの世相で、世が改まり人の往来が繁くなって、急に同業が田舎にも殖《ふ》えたのであった。煮売りの副《そえ》物《もの》が容易に得られる以上は、もはや山中へ猟にでも入らぬ限りわざわざ焼飯の中の梅干を掘り出すにも及ばないわけであるが、尚古風な人たちは茶屋の世話になることを欲しなかった。倹約ばかりが動機では無かったのである。

　一方には料理茶屋というものが、数は至って僅の町場だけに限られて居たが、これより少し前方から出来て居た。これも最初は街道の脇のものであったことは、坂本橋本などの屋号が之を語って居る。やはり一種の煮売屋には相違ないが、料理はもと正式の食物調製を意味して居た。多分は改良旅館の先例を追うたのであろうが、希望者を臨時の賓客として、これに本膳の食事を供したのである。晴である以上は盛装した給仕者と、酒とを伴うのも不思議では無い。客という言葉が金を遣う人という意味を持ったのもこれからで、茶屋は決して最初から、遊興の場処では無かったのである。他の色々の茶屋は旅行とも昼の弁当とも全く関係が無いから詳しくは説かぬが、兎に角に茶屋の亭主の吸物の温かさが、感謝せられた原因は同じであった。つまりは腰弁当の不自由を補充するの途が、斯うして当代の簡易食堂にまで辿《たど》り著《つ》く、路次の情景というに過ぎなかったのである。

料理茶屋款待《かんたい》の重苦しい設備には、金を惜まぬ人々も稍窮屈を感じ出した。だから明治の改良はいつも御手軽ということであった。其以前からも惣《そ》菜《さい》料理だの、有合《ありあわせ》御茶漬だのという看板が、方々にぶら下りはじめた。茶漬は民間では褻《け》の食事を意味した。方言で朝飯《あさはん》を茶漬という土地もあれば、又昼飯《ひるはん》をそういう村もある。即ち一切の形式を抜きに、内で食う通りの物を食わせようというので、是で安ければ弁当は無用になるわけである。弁当の原理は陰膳などともよく似て居た。家でも今時分是と同じ飯を、集まって食って居るだろうという点に、無形の養分は潜んで居たのである。即ち、ある一つの共同飲食の分派だということが、眼に見えぬ塩気ともなって居たのである。ところが主人の想像し得ない留守事は普通になり、小鍋は自由に部屋毎《ごと》の火鉢の上へ運ばれ、同時に各人の好み嫌いは多くなって、煮豆佃煮《つくだに》の如き知らぬ火で煮たものが、何の方式も無く入り込んで来る。村や一つの部落の内は固《もと》より、同じ屋敷の一つ棟に住む者にも、覗《のぞ》いたり隠したりする食物が出来て来た。家の統御の力は弱くなったのである。斯うなれば簡便なる一膳飯の商売が立派になり立つのは当然の話で、従うて個々の家族の私有財産、即ち小遣の問題が又面倒になって来るわけである。

　一膳飯はもと不吉な聯想があって、御幣を担ぐ者にはいやがられて居たが、もうそんな事は構う人が無くなった。明治は多くの街道の煮売茶屋を、追々に一膳飯屋に改造したのである。定価で食わせる以上は食い放題というわけに行かぬ。それで色々の盛り切り飯が、しかも麺類《めんるい》などと同じく温めて売られるようになった。どんぶりという器が飯《めし》椀《わん》に代って、天どん牛どん親子どんなどの、奇抜な名称が全国的になったのも、すべてこの時代の新現象である。面白いことには弁当が家で無用になると同時に、別に是ばかりを当てにする生活が起り、一方には又其製造を業とする者が栄えて居る。即ち仲間では益々相背馳《はいち》する趣味が、弘く外部に向っては一致しようとして居るのである。古来百

茶漬は民間では褻（け）の食事
時間を惜しんで労働するものたちは、おそろしい量の茶漬けをおそろしい早さで食べていた、と、江戸末期の外国からの旅行者の記録にある。茶屋の説明にもあるように、日本で「茶」は広く普及していたものであり、生活の中で非常に重要なものであった。

陰膳
旅にある家中の者が食事に事欠かないようにと、留守宅で供えるお膳のこと。

御幣を担ぐ
迷信にとらわれ、つまらないことを気にする。

を以て算えた我々の食物は、僅な例外を以て大抵はその形を存して居る。それに明治大正の新料理が、更に何百種という変ったものを附加したのである。材料から言っても調理法から見ても、日本のように飲食の種類の繁多な国は、世界恐らくは無類であろうと思う。是が何でも自由に選択し得られることは、生活技術の大いなる強みであって、今でも我々は幸福であるわけだが、是が日々の商品となってしまうと、そう片端《かたっぱし》から何でもかでも、作って気まぐれなる選《よ》り取りを待って居るわけに行かない。だから売る方では何等かの方便を設けて、出来るだけ一つの物に多くの需要を集めようとする。是が流行の常に移り動き、いつでも我々がよその押売りを、事実に於て受けて居る理由でもあれば、町の便利が何かといえば感歎せられ、之に引き比べて村の生活が損なように、考えさせられる理由にもなって居る。我々の台所には革命があった。しかも其動乱はまだ続いて居る。個々の食物調製者の煩労は少しも軽くなって居ない。公衆食堂、共同炊事の必要は既に認められて居るが、パンを主食とする社会のように、其実現は容易で無いらしい。温かい飯と味噌汁と浅漬と茶との生活は、実は現在の最小家族制が、やっと拵《こしら》え上げた新様式であった。之を超脱して又此次の案を夢むべく、あまりに其印象が深く刻まれているのである。

日本のように飲食の……無類であろう

昭和の初めのこの発言は、いまになって、さらに真実味を増している。西洋料理といい、中国料理といい、もはやそのたぐいではなく、あらゆる文化の料理が、またさまざまな食材が、この社会で食されている。それはなぜか。一面、どんな味でも受け付ける雑食性を表しているようで、他面、どんなものも「日本的」なる味に溶かし込んでいるようだ。一般的に日本の文化がさまざまな差異を受け入れるのは、多様性への寛容度の高さよりは、差異を消してしまう同化力の強さにあるだろう。だから、同化できないときの差異への拒絶は強い。異文化からの食物の場合はどうか。練習問題である。

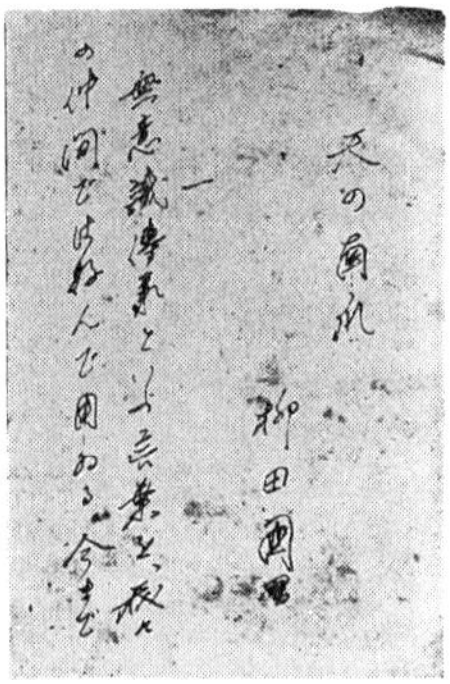

柳田国男の自筆原稿。（『昔話覚書』所収「天の南瓜」）

柳田国男への最短アクセス

食物における「個人」の確立とは

世相

世相、世の中の様子、それが柳田のもっとも強く関心を持った対象である。どんな古文書でも、どんな人里離れた地方の話でも、柳田にとっては自分の生きている時代の、日本の世相を理解するための資料であり、話であった。その点で、この文章が収められている『明治大正史 世相篇』には柳田の本領が発揮されている。

柳田の多くの著作から、代表的なものを一つ選べ、といわれたら、元々そうした問いは無理難題とは思いつつも、私はあえてこの本を選ぶ。傑作というには、あまりに乱雑で、話が詰め込まれ過ぎていて、構成が並列的である。また、柳田自身が、元々新聞記事から明治大正の世相を読もうとしたのが、資料としては不足で、よく知られた事実を援用しながら推論するという結果に終わってしまい、不満足だ、と洩らしている。もとより傑作と言えば、『遠野物語』であろうし、『雪国の春』、『海上の道』の方が、一冊の本としては完熟している。それでも私がこの本を、柳田を代表する一冊の本とするのは、柳田が持っていて、今なお私たちにも与えられている可能性がここにもっとも濃厚に秘められているからだ。

そのことを、この本の「自序」で柳田はこう言っている。「打明けて自分の遂げざりし野望を言うならば、実は自分は現代生活の横断面、即ち毎日我々の眼前に出ては消える事実のみに拠って、立派に歴史は書けるものだと思って居るのである。」この「野望」が、私が「のしの起源」と「木綿以前の事」でも触れた、柳田と私たちにとってのフォクロア、生活史という可能性である。柳田はそうしたフォクロアをうち立てることを彼の仕事の目標としていたのだ。私が「前書き」に書いた、柳田は民俗学の父ではあるが民俗学者ではないかもしれない、というのも、柳田自身がやはり「自序」に明言するように、「民俗学」が「古代歴史の模索に局限しようとする傾向」を持つのとは違って、自分の仕事（フォクロア）の「対象は現代生活の横断面にある」という感覚を持っていたことに対応する。

では、未完に終わったというべき、『明治大正史 世相篇』とはどんな本であるのか。全一五章の題目から、ほんのいくつかを取り出してみる――「目に映ずる世相」、「食物の個人自由」、「家と住み心地」、「新交通と文化輸送者」、「恋愛技術の消長」、「伴を慕う心」、「群を抜く力」。いずれも食指の動く題名である。たとえば、最後の「群を抜く力」では、英雄からスポーツ選手、悪人までが論じられている。私たちがいま「現代」と考えている時間が、実はかなり前から始まっている、ということを思い知らせてくれる。

さて、ここに掲げた文章に戻ると、前記の題名の最初の三つはそれぞれ、第一、二、三章に当たる。「外で飯食う事」は、第二章の「食物の個人自由」の中に入っている。気づかれたかもしれないが、構成としては、この三章は、衣・食・住にそれぞれ対応していて、最初の章では、「木綿以前の事」と同様に、木綿のことに触れつつ目に映る色彩の話が出てくるのだ。このあたりの構成に、柳田の世相、というもののとらえ方、その目指すフォクロア、が何であるかが出ている。つまり「常人」のからだに感じ取られている世界の移り変わりを見る。

では、衣が色なら、食は何として柳田がとらえているかというと、「香」だという。第二章の第一話は「村の香　祭りの香」となっていて、食物を論じるのに味から入ろうとはしていない。それは、一つには、今のように多種多様な料理がさまざまな「味」を競う世の中とは違って、普通の人の食生活というものが、四季の食材の香りによってアクセントが付けられていたから、と考えても良いだろう。さらに、香というものの方が、味より、一挙的にある世界を呼び起こし、表すことが出来る、ということかもしれない。もちろんそのことをここで証拠をもって示すことは出来ない。しかし、そうした感覚が、「神秘な暗示」に端的に見られる、柳田の持つ独特の鋭敏さであった。

家族からの自由

「外で飯食う事」は、今では「外食」と縮めて呼ばれている。それを支える経済的活動も外食産業という、不思議な語感の言葉となって、社会に定着している。たとえば、マクドナルドという会社のやり方は、大げさにいえば、もはや世界大の「外食方式」として、地球上を覆いつつある。しかし、外食ということが成立するには、社会と文化のさまざまなレベルにおける変化が、相互に関連しながら、総合的に起きなければならない。そしてまた、家庭で行われていた食事がその外に出て来るには、さまざまな経路があろうし、文化によって一律ではない。たとえばヨーロッパの北の方では外食はあまり発達していない。イギリスの小さな町などで、旅行者が夕方になって食事をとろうとすると、食べるものの選択が恐ろしく限られていて、町中の人々が家庭で夕餉を囲んでいるとき、旅行者はパブでビールを飲みながら、数の少ないメニューから代わりばえしない料理を口にすることとなる。しかし、もしアジアの都市の夜を活気づけている屋台がヨーロッパの都市に出現するとしたら、そのためにはヨーロッパ人の持つ時間や快楽に関わるいろいろな制度や慣習、ものの考え方が変わらなければならない。

柳田は、日本における外食がどのように成立したかを形態の変遷を追って示す。

まずは外で食事をとることは、他人と食事をとることであり、心を弾ませることであった、と言う。ままごと（飯事）はそこから流れ来たっている、と。次いで、外で食べる必要が生じてきて、人は、家の竈の火で調理したものを弁当として携えるようになった。しかし、そうした食べ物は冷えている。そこに、温かい飲み物を提供する「茶屋」が生まれた。それはさらに温かい副食物をも供する「煮売茶屋」に発展する。そしてそれより少し前に、町では「料理茶屋」という、料理人と給仕する人がいてお酒も出す施設が生まれていた。それは高級なもので、今の料亭や高級レストランをイメージすればよいだろう。

このあたりで、明治という、柳田の思考の中の時間的な分水嶺にたどり着く。ここまでは明治の「外食改良」以前で、これからが以降。

料理茶屋は窮屈であった。付け加えれば、値段も高かったろう。そのため、もっと手軽な、明治期のファーストフードである、「惣菜料理」、「有合御茶漬」という看板を下げた、手ごろな店が生まれた。ここには「料理茶屋」などにあった、ハレの食事という性質は除かれて、弁当を持ち歩くことなく、家で食べるものを外で食べるという実用性が前面に押し出されている。麺類やどんぶりものが生まれたのは、こうしたプラクティカルな面からであり、この時期であった、と述べる。

ここまで柳田は、家の外における変化だけを述べていた。しかし、ここで、それまでは家で煮炊きした弁当を外に持っていって食べていたのが、お茶やおかずだけでなく、ご馳走でもない普通の食事を丸々外で食べるようになって、家の中にも変化が起こったと論ずる。主人の知らないことが家で起きても不思議でなくなり、小鍋を部屋に持ち込んで、別々に食べることや、外で煮炊きしたものを買ってきて食べることも起きてきた、と。これ以降の変化、私たちが現代に見ているのは、料理の種類の多様性であり、食べる時間の多様さであり、果ては、現在の歩きながら液体を流し込むことで食事に「代用」させることであるが、それらはここに書かれた明治期にはっきり現われた、大きな変化のバリエーションである、ということである。

その大きな変化、というものを分析してみると、そこには二つの変化の軸がある。一つの軸は、一つの家族の成員は、

同じ竈、同じ火で煮炊きしたものを食べる、という原則の変化、衰退である。もう一つの軸は、外で食べることの便利と快楽である。

ほかのところでも触れたが、私が調査をした太平洋のマレクラ島というところでは、一家の中で、成人男子とそれ以外の女性と子供は、別の火を用いて食物を調理する。日本でも、祭りの中である役目を果たす者は、一定期間、他のものと調理する火を別にする「別火」というしきたりが行われることがある。そうした世界各地に昔からある慣習の一つとして、家族は同じ火で調理した食物を摂る、という原則があった。それが、外で食事をとらなければならない必要性が大きくなり、最初は同じ火で煮炊きした弁当を携えて出ていたが、次第に外で他の人が、他の火で煮炊きしたものを取るようになったのだ。そこには、一方にはままごとに通ずる、他の人と一緒に、ハレの食べ物、ご馳走や珍しいものを食べる、という快楽も加わったろう。

同じ火のものを食べるという原則が便利と快楽に取って代わられた。そして、この変化はたんに「外食」を確立した、というにとどまらず、それにあい伴って、家族というものの変化をもたらした。すなわち、家の中でも、同じ火ではない、「部屋毎の火鉢の上」で小鍋による食事が始まった、というのだ。これは一方で、「食物の個人自由」ということではあるが、柳田が特に指摘したいのは現在言われている、家族がバラバラに暮す、家庭の「ホテル化」というものではない。彼が、この「食物の個人自由」全体にわたって、ある典型として示しているのは、一家の長である男が家を統括して、その下に、一つの大きな竈で煮炊きしたものを使用人も含め全員で食べていた(明治以前の)形態から、台所は座敷に近くなり、竈は分裂をして女性が温かいものを「最小家族」に供する形に変わってきた、という点である。外食の発展は、たんに外で飯食うことを増しただけでなく、「内食」の変化――彼はそれを「女性化」という言葉を使っているが――も、もたらしたのである。

キー・テキスト

町風田舎風

私たちは、「町」は「村」や「田舎」と一線を画したものである、と考えている。ところが、郊外の新しい町は、村の空間に住宅が入り込むように建てられて、ごちゃごちゃした状態に出来上がる。一方、柳田は、日本の住空間の基本型を、農地と宅地が、「村」の部分と「町」の部分とが、入り組んだものとして描く。それは江戸時代の人口を支えるための食料生産にとって好都合なものであった。では、頭の中の近代的都市観と、からだが記憶している伝統的な「住まい方」とがぶつかりあうとどうなる。日本型の田園都市は出来上がるか。テキストは、一九二九年に書かれた。

一　町風の農村観察　都市の眼《め》で見た農村の記録のみが、年久しい文学として我々の間には伝わって居る。之《これ》に対しては是非とも別種の系統を辿《たど》って、更に今一つの物の観《み》方《かた》を考えて見なければ、実は新しい文化の採択にも差支《さしつか》えるわけであるが、其《その》方法が今迄《まで》は具《そな》わって居なかった。村に町風の入って来ることを、愁い気遣うという人は今でも確に居る。併《しか》し其防衛の手段はただ遮断であり、無智《むち》の隔離を以《もっ》て固有の状態を保持しようと努めながら、言う者自身の心は夙《つと》に都市の学問に染まって居た。其上に変化を喜ばぬという動機が、必ずしも常に純一では無かったのである。乱雑なる現代の生活技術が、恰《あたか》も禁苑《きんえん》の樹果《このみ》の如《ごと》く、いつでも無条件の好奇心を以て迎えられ、之を批判し取捨するの念慮を打棄《うちす》て、ひたすらに救いを他力に待とうとする気風を養ったのも、責任は寧《むし》ろそれを戒めて居た人たちの、方法の拙《つたな》さに在ったようである。

それで先《ま》ず最初には町風の農村観察が、果してどれ程迄の根拠を歴史の上に持つかということを、改めて村人の立場から考えて見る必要があるのだが、格別それは面倒な仕事でも何でも無い。二つの全く方向を異にする考え方が、今でもまだ都市の住民の田舎に対する態度を支配して居る。そうして其矛盾を両存させる為《ため》に、幾分か無理な輿論《よろん》が

禁苑　宮中の庭園。

行われようとして居る。其一つは村の生活の安らかさ、清さ楽しさに向っての讃歎《さんたん》であり、他の一つは即《すなわ》ち其辛苦と窮乏又寂寞無聊《せきばくぶりょう》に対する思《おも》い遣《や》りである。若《も》しこの二つの状態に誇張が無いならば、同時に存在し得る道理は有り得ないのであるが、人世は本来苦と楽との交錯であり、通例現実に於《おい》ては苦の色が濃く映ずる故に、誰《たれ》しも他の一方を遠い方に押上げて、所謂《いわゆる》うしと見し世を恋しがる様になるのである。農村衰微の声の耳を傾けられ易《やす》かった一つの原因は爰《ここ》にも在る。しかも都市の人々が尚《なお》自分たちの為《ため》に、出来るだけ明るく美しい田舎を、描いて見ようとして居たことは事実であって、それにも亦《また》相当の理由があるものと私は思う。

私は是《これ》を手短に、帰去来情緒《じょうちょ》と名づけようとして居る。言いかえるならば村を出て来た者の初期の町住居《まちずまい》の心細さが、斯《こ》ういう形を取って永く伝わったものと考えるのである。尤《もっと》もいつの世になっても、田から米を得、裏の林から薪《たきぎ》を運ぶ境涯を、羨《うらや》ましく思うことは常の情であろうが、近代の都市には殊に新米の住民が多く、広い周囲と自由な休憩、努力と昂奮《こうふん》との個人的に調和する以前の生活を思い出さずには居《お》られぬ者が、何《いず》れの階級にも働いて居た。山水花木《かぼく》四時の風光の如きは、言わば彼等《かれら》に取っては咏歎《えいたん》の目標というに止《とど》まり、天然の愉快は主として其豊富に根ざして居る。即ち又生存の資源から、次第に遠ざかって行《ゆ》くという非農民の不安が特に、彼等の故郷を忘れ難いものにするのであって、さまざま解説をかえて今の世まで、尚行われて居る保養の旅、或《あるい》は遊山だ別荘だという類の奢《おご》りも、其起源は皆食物の所在に拠《よ》ろうとした、動物共通の本能の現われに他《ほか》ならぬ。人間には寧ろ感情の曲折が多かった為に、また簡単には之を社会組織の改造に、利用することが出来なかっただけである。

二　田園都市と郊外生活

所謂田園都市の運動は、此《この》意味に於て確に新しい興味があ

帰去来
陶淵明の文に、宮仕えをやめ故郷の田園に帰ったときの心境を述べた「帰去来の辞」がある。

近代の都市には殊に新米の……
このテキストで柳田の取っている視点は、自分自身の、都市の「新米の住民」としてのそれである。自分の中にある「帰去来情緒」への自己分析がこの文章を通底している。

四時
四季。

った。近世の都市には街の並木、其他公園公庭の緑の供給は既に豊であったが、尚各家《かくか》に細小の面積を私営して、そこに何等かの生物を産して見なければ、慰められないという者が多く有った。ところが高楼を建て城壁の中に籠《こも》り住む者に、其様な余地が与えられよう筈《はず》は無い。そこで優しい理想を有《も》った人たちが発起して、新たに空閑の野《や》に就いて、広々とした小都市を建設して見ようとしたのである。個々の住民が各《おのおの》平家《ひらや》を給せられ、其周囲に少しずつの庭園を持つことが出来れば、勿論《もちろん》其理想は遂げられたのであるが、それは資本の問題であり又職業の問題であって、旧国に於ては其様な機会は甚だ得にくかった。土地が十分に廉価でなければ、住宅の経費が支えられず、そういう地方に突如として出現する一都市を、維持するだけの事業は見付からない。結局は慈善の寄付金、若《も》しくは多分の公費を割いて、僅《わず》かに希望者の片端を満足させるのみで、其他は依然として野外の散歩位を以て、我慢をするの他は無いのであった。併しその間接の影響としては、段々に密集生活が忌み疎まれ、都市の人口ばかりの成長を以て、繁華の誇りとする気風は衰えた。欧羅巴諸国《ヨーロッパしょこく》の大都市の郊外に、市民専用の圃場《ほじょう》を設けられたことも亦一つの副産物であった。汽車が到着せんとしてちょうど合図の汽笛を鳴らす頃《ころ》左右の空地《くうち》を見れば皆この畠《はたけ》で、それを二畝一畝の狭い区劃《くかく》に切って、思い思いの花や野菜を栽《う》えて居る。小さな蒲鉾小屋《かまぼこごや》同然のものが、幾らとも無く其間に建ててあるのは、道具を置いたり休んだりする処《ところ》らしく、即ち市民をして折々ここに来て農事の真似《まね》事をさせる為に、市外に此様な奇抜な設備をすることが、近年此等《これら》の大都会の一般の流行になって来たのである。が是ばかりでは勿論全体の希望を充《み》たしそうにも思われない。

斯ういう計画が西洋に始まったのは、今から三四十年も前の事らしいが、日本はちょうど其頃から、都市の或《ある》ものが大きくなって、農産物の直接供給は追々に断念せられるに至った。以前の多くの城下町の四周には田畠があり、準市民とも名づくべき一種の農

旧国
故国、ふるさと。

圃場
はたけ。とくに野菜、果物のはたけ。

皆この畠で
この観察は鋭い。ヨーロッパの、筆者がよく知るところではロンドン周囲の住宅地には、こうした庭、道具小屋があり、ガーデニングはいまに盛んである。正確な統計は取りがたいが、イギリス国内における、野菜総生産の、かなりの割合が家庭菜園で作られている。

夫は之を耕し、毎日自分で産物を市内へ運び込むことが、普通の習慣になって居た。稍《やや》小さき町ではわざと屋敷地割を細長くして、背戸の一区劃には自家用の菜や瓜《うり》を作って居た。之を前栽畠《せんざいばたけ》と称して其経営を家事の一部として居ることは、農村以来の生活そのままであった。若しくは町である故に特に欠くべからざるものになって居た。所謂士族屋敷に至っては元から土地の供給も広く、下男は必ず村から来た者で、屋敷で畠を作るなどは当然の事だと思って居た。江戸の真中《まんなか》にまだ畠があると謂《い》って、人が驚いたのは驚く方が却《かえっ》ておかしかった。新しい移住者だけが農を忘れて後に、町の中へは遣って来たのである。そうして瞬くうちに新式の借家を建て連ねて、もう擂鉢《すりばち》の欠けたのに蕃椒《とうがらし》を植えて、眺めて居るだけの余裕も無くなった。都市と農作とは完全に絶縁して、しかも人は漠然と食物の所在を物色して居るのである。市場の圧力が市の内外に対して、緊密ならざるを得ぬ所以《ゆえん》であり、空気日光以外に田舎の懐かしさが、人を誘わんとするにも理由がある。

所謂郊外の発展が日本の都市の、新たなる一つの特徴となったことは、単なる人口増加の現象では無いのである。或は是をしも一種の田園都市と見る者はあろうが、素《もと》より統一ある運動の成果ではなかった故に、都市の生活法と市場組織とが、どこ迄出て見ても其拘束を緩めない。村を都市化もせず、況《いわ》んや市に農村味を附加するの力は無く、油と水と共に湛《たた》えて、只《ただ》土地所有者の私経済を法外に煩雑ならしめたに過ぎなかった観がある。しかも我々の問題の未来の解決に対しては、都市を愛しつつしかも其弱点を認め、村に接近して特に囚《とら》われない判断を下し得《う》る人々の、同情ある考慮は何物よりも有益であった。

擂鉢の欠けたのに蕃椒を植えて

現在の都市、たとえば筆者の住んでいる東京の、大通りに面した店や住宅の軒下、そして歩道と車道とのあいだのわずかのスペースに、さまざまな花や灌木の植木鉢が置かれているのを目にすることがある。果ては、街路樹の根方にある土さえも利用されている。こうした「緑」への情熱は、柳田が言うように食物を求める「動物の本能」から来ているのか。そう考えるのも、それ以外の理由を探るのも面白そうだ。

柳田国男への最短アクセス

昔の日本は田園都市だった？

村の中の町、町の中の村

島根県の山間部にある村に出かけたことがある。村の人にお話をうかがっていて、「まち」という言葉がでた。それがどこを意味するのか最初は分からず、問い直してみて、それが村の中の、数軒の商店や公共施設がある、昔からの、村の中心の地域を指すと分かった。村の中の町っぽいところを指して、町というのか、と、いうなれば自分たちが住んでいる山奥の村の中にだって、町のようなところはあるんだぞ、という言い方に、同行の者共々、ほほえましさを感じた。しかし、それはむしろ、ほほえむことではなく、私自身の無知に恥じ入るべきことであった。

本来、人々の生活している地域の中で、商業施設や、鍛冶屋その他の職能者が仕事をする、時には市の立つようなところは「町（場）」と呼ばれるのである。こうしたことについて柳田は他の場所で、図を示して解説している。それを以前に読んでいながら、村なのだからどこもかしこも「村」であり、「町」というべきものは町にしかない、と無意識に考えていたのは、要するに、行政単位の町と村、という枠組みを私が頭からすっぽりかぶっていて、目が見えなかったのだ。村が大きくなると町に、それがさらに大きくなると市に「昇格」する、というのは、現在の近代国家の行政法上のことだ。明治以前は、都市的なところも行政単位としては、ほとんどが村と呼ばれ、「町」とは城下町のように限られたところがそう呼ばれた以外は、都市の中の街区を指したり、また、村の中のある繁華な地、をさしていう言葉であった。だから、村の中に町があるのは当たり前だったのだ。

こうしたことを示す面白い事実がある。それは柳田の『時代ト農政』という本に書かれていることなのだが、たとえば明治一一年に岩手県に、行政単位としての町は一つもなく、宮城県にも仙台以外にはなかった。そして、明治四二年になっても、鹿児島県には鹿児島市の外に一つの町もなかった、というのだ。つまり、明治以降、近代的な都市観によって、村や町を行政単位とする際に、明治以前の村や町についての考え方がまだ残っていたため、その規模や、内部の政治や経済の水準からして、当然「町」と見なされるような地域が、依然として「村」と呼ばれていたのだ。

では、いまの私たちに強い影響を与えている近代的都市観とは何か。その中核にあるのは、西洋や中国、その他の文明にも見られる、城壁のある都市、町のあり方である。そうした都市、町では、町とその外が城壁によって地理的に分かれていて、町に住む者と、その外に住む農民の間には截然と線が引かれていた。中国の都市などでは、日中、農作物を売りに来たり、いろいろな品物を手に入れにやってきた農民は、日暮れになると城壁の外に出なければならなかった。中国では現在に至るまで、都市民と農民とは、行政上違うカテゴリーに分けられ、農民は都市に住む権利がないのである。

こうした、その外側がはっきりと区分された町のイメージは、日本の昔からの居住地のあり方と明確に違っている。柳田が書くように、城下町の回りにはすぐ農地が続き、さらに町（たとえば江戸！）の中にも、畑があるのが普通であった。逆に、村に住む「百姓」というのは、農民だけではなく、さまざまな仕事をする者たちが含まれていたことは、最近、歴史学者によって指摘されていることである。日本では「城下町」と村の間に、地理的にも、人的にも、城壁のような、互いに排除する線は引かれていなかったのである。

そうした過去の、宅地と農地、町の人と農民とが、互いに入り組んでいる様子をイメージすると、現在の私たちの社会における「都市化」といった現象のとらえ方も変わってくる。たとえば、都市の近郊農村が、次第に都市民の住宅地に変貌する、といったことは、近代の日本では、もう百年近くも続いていることである。東京で言えば、渋谷、代々木あたりの近郊住宅地化が起きたのが、明治の後半である。後にふれる、柳田の参加していた「地方学会」でもそのことは報告されており、また、文学者の大岡昇平も、自分の幼、少年時代を回顧した文章（『幼年』、『少年』）に、その地域の変化の様相を描いている。そうした文章からは、青山から渋谷、そして、駒場に至る地域が、急速に近郊住宅地化し、しかしながら同時にそこに農地が点在している風景がうかがえる。言ってみれば、それは今の日本のどの都市の周りにも見られる状況である。そして、そうした状況についてよく聞かれるのは、急速な都市化に対して都市のインフラが追いつかず、また、そこかしこに残っている農地が都市としての発展を阻害している、という言い方である。

はたしてその言い方は正しいか。おそらく現在という時点を切り取って、その表面だけを記述すればその通りであろう。しかし、もっと長い時間で見れば、そうした「町」と「田舎」が、その接点のところではっきりとした区分線を持たない、住宅と畑が入り組んでいるような雑然とした光景は、確かに急速な都市化がもたらした面もあるが、元々の日本の居住空間の構成の仕方に則っているとも言える。いわば、そうした雑然とした状況を許す伝統的な居住観念が日本にはあるのだ。柳田は「或いは是をしも一種の田園都市と見る者はあろうが、素より統一ある運動の成果ではなかった」と述べる。たしかに、私たちが近郊の私鉄沿線の駅から自宅まで自転車で帰る間に見る、畑の中にラーメン屋と中古車販売場、巨大なスーパーマーケットなどが立ち並んでいる、よくある光景は、「統一ある運動」によって起きたのではない。しかし、逆に言えば、私たちが持っている居住空間のあり方についての考え方を、はっきりと確かめた上で、統一した計画を立てれば、日本的な「田園都市」が出来上がる可能性はある、ということだ。そうした町は、先にあげた「近代的都市観」に基づく町よりも、私たちのからだと考えに合うものかもしれない。柳田はそれがどのあたりにあるのかを見ようとしている。

田舎が田舎でなくなるとき

柳田国男は、数多くの明治の児と同じく、田舎から東京に出てきた人である。彼の問題意識の中を貫いていることの一つに、田舎の貧しさをどうにかして無くしたい、という気持ちがある。ここでいう田舎、というのは、東京や近代的な都市を中央として、それに対する地方と言ってもよい。

しかし、そうした田舎についての私たち——この場合は町に住む者に限定して——の見方には矛盾する二つのものがある、という。一つは、「村の生活の安らかさ、清さ楽しさに向っての讃嘆であり、他の一つは即ち其辛苦と窮乏又寂寞無聊に対する思い遣りである」と言う。前者の田舎への憧れは、新たに都市に来た人々が、都市の生活に不安を覚えるために持つ、田舎への「帰去来情緒」、ノスタルジアであり、後者の田舎に対する同情は、どうしてもこの世を苦しいものと見がちな私たちの心の反映でもある、という。しかし実は、後者の「思い遣り」があるゆえにまた、前者の見方のように明るく美しい田舎のイメージを描きたくなるのだ、と。時として柳田の論理はこのように幾重にも折り重なる。

しかし、こうした矛盾した見方は、私たちが今でも持っている「田舎」観であるようだ。かつては、地方を語るときは常に「過疎」というマイナスイメージがつきまとっていたのが、おそらく竹下元首相提唱の「ふるさと創生資金」を一つのきっかけとして、地方といえば、「村(町)おこし」という「前進的」な言葉が付されるようになった。これはたんに言葉の上だけのことではなく、戦後五〇年の中で中央集中型の政治経済政策が行われていたのが、ゆるやかに方向転換しつつあることに対応しているのだ。こうした「地方の時代」と呼ばれるような時期は明治以降、何度かあった。柳田が知的関心を民衆や地方に向けるようになった、日露戦争後の明治三〇年代もそのひとつであり、彼は実際、新渡戸稲造の主導のもと、創価学会を創立した牧口常三郎らと「地方学会」を起こしている。

さて、こうしたイメージの転換の中で、実質的に私たちがどのような田舎を描き、作ることが出来るのか、というと、ふるさと創生、村おこし、という言葉通りには進まないようである。

ある、中部地方の町での話であるが、かつてであれば過疎対策と呼ばれたであろう、若者の流出を防ぐ方策として、住みやすいふるさと作りを目指し、新婚住宅と、若者たちのためのバーを作った。バーで出会って、結婚をし、町が用意をした住宅に住む、という具合である。結果は、バーも住宅も、鳥のやってこない巣箱のように、置きざらしとなった。理由は簡単である。バーに行っても、そこにいるのは限られた顔見知りであり、新婚住宅も、町のみんなの視線に囲まれているような、圧迫感があるのだ。

「村」には「出会い」がない。若者にとって、そうした出会いのない人生には魅力がないのだ。これまでふるさとが魅力的に見えたのは、そこから離れて、遠くにありて思うとき、「帰去来情緒」としてであって、一度は離れないとそれは見えてこなかった。その良さが、そこにいても見えるためには、インフラの整備とともに、人間関係の変化が求められている。

若者に戻ってきてほしいと思う村の大人たちは果たして、そうした若者に自由を与え、村の運営を任すであろうか。もっと端的に、そうした変化が起きたかどうかは、村人がヒーローとなった冒険・恋愛小説が書かれるかどうかで見ることが出来るかもしれない。そうでなくとも農村を舞台とした村民が主人公の小説がベストセラーになることはあるのか。

一方で柳田が珍しく断言している。人間が、地方や田舎に引かれるのは、それが物見遊山であれ、別荘を持つことであれ、土から生まれる食物を求める動物的な本能に根ざす、と。この指摘は面白い。そこからすると、近年のエコロジーに対する関心は、一時の流行ではなく、たんなる町風の自然観でもない、人間にとっての根元的な、「食」を求める、からだから発している考えである、となる。おそらく、この文章から構想される「田園都市」も、若者たちにも魅力的な「村おこし」も、すべては、都会対田舎、という対立図式を取り払ったところにしか成立しない。そのためには、もともと町と村とが入り組んでいた私たちの世界観に、都会と田舎の間を自由に行き来する交通手段と人間関係を作り出すことで、田園と都市の双方に住むことが出来るという形での、これまでの「近代的都市観」からのものとは違った「社会組織の改造」が必要となろう。柳田の文章からはその方向が見える。

コラム「柳田」以前の事

柳田は自分の全集に入れられないような「恥ずかしいもの」は書かなかった、と別のコラム、「生涯八十七年」に書きました。でも、彼は、その生涯の最初期に生んだ叙情詩の作品群を、『定本柳田国男集』の中に入れることを堅く拒んだのです。

柳田自身はそれらを「お座なりの文学」と『故郷七十年』の中で呼んでいます。私はそうは思いません。

それらは、日本の若さと柳田の若さ二つながらの初々しさが、そのまま感じられる、清冽でたぐいまれな作品です。そして、そうした若年の作品は、巧みというのではなく、人がある年齢でしか書けないもの、という感じが持たれます。しかし、それゆえにこそ、柳田がそう言ったのではないのですが、全集に入れるのは恥ずかしかったのでしょう。

ここには確かに足りないものがあるのです。それは、性生活です。恋愛があったとしても、それは無時間的な、どこにも進んでいかないのものなのです。そうした、ある意味での「欠如」によって成り立っている、疑似的であるがゆえの恋愛詩、それを柳田は、人に読ませるものではない、と思ったのでしょう。

ある年齢でしか書けないものとは、言いかえれば、積み重ねの利かない、その時限りのものです。柳田が六十年を越える現役生活で追い求めたものは、日本人の考え方、生き方がどのようなものであるか、ということで、それはある長期的な時間の、持続的な努力なしには出来ないことであり、抒情詩人の生産様式とは対極にあるものです。

さらに、柳田にとっての「歌の別れ」は、こうした叙情詩や、『文学界』の同人と別れることだけでなく、積極的に官界に入り、大審院判事、柳田直平の婿養子となること、すなわち「柳田以前」の松岡国男との別れで示されました。ここには明治期の通常の出世のパターンだけでなく、柳田の自分自身への「きつさ」が感じられます。後年、柳田は性的な猥雑さを嫌うことで知られましたが、そこには同様のきつさ、ストイシズムがあったように思われます。

しかし、私にはあることが、柳田の薄い夕暮れのような性の景色のなかに、ともしびとして感じられます。それは、戦中の日記、『炭焼日記』の昭和一九年六月五日にある、「折口君、加藤君を伴い来る。米の粉すこしくれる。藤井春洋君を養子にする届けに、証人になる」の一節です。弟子である折口信夫の、同性愛のパートナーとの養子縁組を柳田が祝っているのです。翌年、加藤春洋は、硫黄島で戦死するのですが、日記にはその安否を気遣う文章が、幾度か記されます。こうしたところには、性的なことを嫌ったと言われている柳田のなかに、同性愛への寛容、というようなことだけではなく、弟子への愛、さらに不定形の哀れみの叙情が生きながらえているのが、見られます。ことに昭和二〇年二月二〇日の「硫黄島に昨日敵上陸三万……折口（藤井）春洋君ことばかり考えるも私か」という不思議な最後の十数文字などに、柳田のエロスのかたちがかいま見えるような気がするのです。

第III章

文字の声を聞く　「国語」からポリフォニーまで

ログオン

キー・テキスト

伝承の二様式

涕泣史談

雪国の春

是からの国語教育

ここにある四つの文章は、いずれも、日本語をめぐって書かれている。柳田自身、練達の文章家で、かつ座談に巧みな、無類の日本語の使い手であった。しかし、柳田にとって日本語について考えることは、たんなる文筆家としてではなく、日本の文化と日本人の生活を高める実践者として意味あることだった。

柳田は若いころは、島崎藤村、国木田独歩らと親交のあった文学青年であった。しかし、結局は文芸の道に進まず、官僚として実務家の道に進んだのだが、そのあたりのことを「変心」として、田山花袋が小説にしている。しかし、それは単純に、明治期の「立身出世」の流れに彼が身を投じた、というようなことではない。彼にとってぼんやり見えていた生涯の仕事、「文章を書く」ということを、誰に向かって何をどのように書くのか、と悩んだ末に、日本人の生活を、それが語られてきた「ことば」によって書く、という目標への第一歩として、農務省の役人という仕事を選んだのだ。彼にとっては役人になることも、のちに朝日新聞に勤めて旅することも、彼が書くべき、と決めた「人々の生活と考え」に近づく手段であった。そして、その日本人の生活と考え方がどんな日本語で表されているかを明らかにすることは、日本の歴史の中心に流れるものをつかむことであった。さらに日本語が今後どう変わっていくべきかを考えることは、日本人の未来に実践的に参画することでもあった。柳田にとっては、言葉とは、それ自体をあれこれとひねることに意味があるものではなく、非常に具体的な、たとえば、日本という国のかたちや、日本人のからだのあり方に結びつくものであった。

それゆえ、そうした柳田の態度から生まれた、ここに収められた日本語に関する四つのテキストは、この国の文芸から、学校の教育にまで広くおよんでいる。面白いことに、そのいずれの議論にも、対をなす二つの流れ、力が、枠組みとして示されている。その四つの対とは、順に、「口承／手承・眼承」、「話すこと／泣くこと」、「暖かな都の風光／寒い北国の風景」、「理解の国語教育／表現の国語教育」である。ここに見られる、対の概念を用いた議論、というのは、柳田がそれに気づいていたかどうかは別として、彼の中に深く潜んでいる考え方の傾向である、と言えよう。すなわち、この世にあるものを、ダイナミックな「動き」としてとらえよう、とする態度。そして、その動きの中の、二つの流れが離れながらも互いに引き合って力を増す場として世界をとらえようとすること。先にあげた対から一例を挙げれば、第一のテキスト、「伝承の二様式」の中で柳田は、日本語は文芸や日常の生活の中で、「文字に記す」と「口伝え」という二つの互いに対立する伝承が相まって、その豊かさが作られてきた、と論じている。一対の流れのどちらかを主流である、として取るのではなく、どちらもが日本の言葉の世界に存在したことによってこれまでの日本語の流れが作られて来たのだ、と評価し、その対立があるゆえに、次の新たな日本語が作られていくのだ、と期待する。

　また、柳田はこうした日本語が、国語として教えられるとき、実際に世の中を良くしていく力となっているだろうか、ということに強く注意を払っていた。「是からの国語教育」はそうした関心によって書かれている。柳田は、戦後、社会科の教科書を作るのにも力を注いだが、それらはすべて、文芸のための国語教育や、高所から政治経済を論じるための社会科教育とは違った、私たちが日常生活の中に使える「道具」としての、真の意味での実用となる、総合的な知恵を伝えるための教育方法を考案しようとしてのことであった。

　とは言え、柳田が書く日本語が、実用とは違う次元でも、これまでこの列島が伝えてきた話す、語る、書く、といった表現の、渾然として一体となった日本語の精華であった、ということも、強調しておきたい。たとえば、「雪国の春」は他の三編と同様に、日本の文芸の南から北への運動を指摘し、日本語の複相的、ポリフォニー的な構造を明らかにする論考であるのだが、同時に、そうした豊かさを持つ日本語の、優れた例としても鑑賞してほしいのだ。第Ⅳ章の「海上の道」の方がややもすると有名で、柳田は南方への憧憬が強い人のように思われているが、実際はこの文章に書かれている日本の南と北との移住の歴史そのままに、彼自身、その二つともに強く惹かれていて、その深い愛着が、ここに、雪解けの滴りのようにきらめく名文によって表現されている。

キー・テキスト

伝承の二様式

物語、民話、短いものでは民謡からことわざまで、文字に書かれなかった「文芸」は、柳田が愛し、評価し、解明したいと願った対象であった。しかし、彼は、書かれた漢詩や和歌、小説、といった堂々たる「日本文学」に対するマイナーなものとして、口承の文芸を哀惜したのではない。書かれたものと書かれなかったものの間には、同等のものとしての影響と協力があったことを見出し、その二つの関係を明らかにしなければ、この日本のことばが作り出してきた全体は見渡せないと考えた。この一九三二年に書かれたテキストには、その考えの出発点が明示されている。

我邦には限らず、この口承の文芸が孤立して居た国、即ちその隣に在る手承眼承の本格文芸と、手を繋いで歩んで居なかった国などは一つも無い。民に文字の無い時代又は種族が有って、まるで書物の文学を持たなかった場合は幾らでも想像することが出来るが、是と反対に今日謂う所の文芸のみは有って、綺語は解しない社会というものは絶対に考えることが出来ぬ。そうして此二つが並び存すとすれば、互いに又交渉せずには居られなかった筈である。早い話が日本国民の持ち伝えて居る最も古い昔話の一つは、そのかみ記憶力の優れた或一人の若い女性が、暗誦して居たものの筆録であった。建国一千二百年の後に至って、始めて編修せられたる漢文の国史には、王仁帰化以前の神々と貴人との、御歌をあまた載せて居るのである。他の一方には又後代の言語芸術に於ては、如何に無識なる咄家たちの漫談でも、曾て読書裡より導き来った話柄を、少しも応用して居ないものなどは何処にも無い。我々は単に各時代の横断面に於て、或種の文芸が口頭に伝承せられて居るために、今日は集拾がやや六つかしく、他の若干のものは記録を以て保存せられてある結果、比較的いつでも手にし易くなって居ることを知るのみで、前者が識者学問僧の指導の下に、時々の改訂を免れ得なかったと同様に、他の一方も亦

綺語
巧みに表現された言葉。

日本国民の持ち伝えて……
稗田阿礼によって暗誦され、後に太安麻呂によって完成された『古事記』のこと。稗田阿礼の性については男であるという説もあったが、女性であり、おそらく巫女であったろう、という説が有力。この語句の後にまた「漢文の国史」とあるは『日本書紀』と考えられるが、「建国一千二百年の後」というのを皇紀の年数とすると西暦五四〇年に当たり、日本書紀の成立とされる七二〇年とくい違う。日本書紀の資料となった

『帝記』、『旧辞』とするのも無理がある。柳田でも勘違いする、ということか？

すべて石山寺の紫式部の如く、紙を伸べ筆を捻って無より有を作り出したものと、推断することまでは許されて居ないのである。勿論この中には文人の棄てて省みず、もしくは之と反対に随喜して必ず写し伝えようとしたものがあって、二種はおのずから二つの流を為して居たであろうし、是を問い尋ねて前代を明かにする者にも、興味の向う所はそれぞれの別れがあったろうけれども、しかも全然他の一方の側に無関心で、なお一国文芸の趨向を説き得べしと信じた者は、幸いに先ず近い頃までは無かったのである。印刷という事業は社会文化の上に、怖ろしい程の大きな変革を齎らして居る。以前双方がほぼ歩調をそろえて、各自の持場を進んで居たものが、瞬く間に両者その勢力を隔絶してしまった。必ずしも智識の欲求が急に片方に偏傾した為では無くして、ただ或ものが特に与えられ易くなったのである。同じ書物の中でも数少ないものは退き隠れて居る。所謂定本の権威は専横になって来た。個々の小さな口から耳への伝承が、是と対立して其由緒を語ることを得なくなったのも、乃至はその特殊なる流布の様式によって、国の文芸の大体を説明し得なくなったのも、共に前人の全く予想しなかったことである。国の文芸の花模様は、色取りどりに人の心を惹くけれども、我々はもう其下染を忘れようとして居るのである。だから文学が当初字で書くことを条件としたという故を以て、其研究の対象を是までの様に、眼の前に伝わって居る文献に限ろうとする不利益は、今日に於て殊に忍び難くなって居るのである。

そこで先ず第一に伝承の口と文字とが、如何なる関係をもって居たかを考えて見る。この新旧二様の文芸が、きちんと二通りに分れたのは近年の事であった。西洋の学者には一方を未開人の芸術、もしくは文明国内の特に教育に乏しい者のみが、もてはやす所の歌や説話の類とし、他の一方を新らしい学問に恵まれた優雅階級のみの産物であるかの如く、解説して居る人もあるようだが、其定義は今とても事実と背馳して居る。文字に縁の無かった人々が、眼の文学を利用し得なかったのは当り前であるが、実際には彼等の参与を全く予期しない文芸というものは稀であった。耳の文芸に至っては更に其以上に、彼等以外のいわゆる眼の見える人々との交渉が深かったのである。如何に教育という語を狭く解しようとした日本の家庭でも、耳の文芸に育くまれずに大きくなったという人は、宮にも藁屋にも恐らくは曾て無かったろう。独り口舌の趣味が次の代の文芸を誘致すること、近くは講談が大衆小説の隆盛を促したような場合が多かっただけで無く、以前の著述には最初から、耳による流伝を目的としたものさえ少なくない。所謂七五調の文段はつい此頃まで、読み本の常の形であった。よみ本は決してただの読本では無かった。ヨムという我々の動詞は算えること、又は暗誦することをも意味して居た。雀はたわいも無いことを囀りつづけて居る鳥であるが、之を南の島々ではヨム鳥と名づけて居る。新聞や雑誌に歌の様な面白い節を附けて、声高に読む人は今でも居る。そうかと思うと傍に寄って来て、筋だけでもよいから話して聴かせよと、せがむ者も子供だけでは無かったのである。私が稚ない頃に最も敬慕して居た一女性などは、伊呂波も書かぬ程の無筆ではあったが、一度読ませて聴いた草冊子は皆会得して、誰よりも上手に絵解きをし又註釈をしただけで無く、四書や小学の素読を監督して、どしどしと私たちの読みちがいを正すほどに暗記をして居た。日本で一ばん古く、且つ有名なる幾つかの読み本は、久しい間正真の盲目が之を管理して居た。本の不用な人たちが読んで居た平家物語を、今は目あきが写し取っていつ迄も持ちあつかって居るのである。塙保己一の記憶力は特殊なる才能として、永く我邦の文運を耀かして居るが、彼を世に出す迄の歴代の修養というものは、埋もれ放題に忘れられて居たのである。目あきは不自由なものだと謂ったという撿校の逸話などは、此人で無くとも有りそうな昔話で、そう謂って

最も敬慕して居た一女性
母の松岡たけのこと。『故郷七十年』に、「母は……四書でも……眼では覚えずに何べんも聞いて耳から覚え……私が素読しているのを聞いて、間違いを直してくれる……」とある。それにしても母親のことを「稚ない頃……一女性」と書くのは、公に発表する文章だからといって、あまりに韜晦、もしくは含羞が過ぎるように思うのだが、そこが柳田か。

検校

我々の他力主義を、嘲り笑い得る盲人は幾らでも居たのである。単に盲だから其力を暗記に傾けたというだけで無く、寧ろ常人を凌駕する彼等の長処が、此点に於て夙く認められて居たのである。そうで無かったならばたとえ非凡なる塙氏が生れても、卒然として之を一国の学問文献と、結び付けることは出来なかった筈である。所謂明き盲の場合も問題は同じことで、本は「覚える」ことがその当初の目的であり、昔は又印刷複製の代りでもあった。それだから今でも若い人の記憶力のみが尊重せられ、口移しが勉強の主要部分のように、考えられる傾向を存するので、口承文芸の範囲限界などは、少なくとも日本ではまだ明瞭に立って居たとは言えないのである。

かつて盲人に与えられた最高の官名。

　この混同は独り読者の側ばかりで無かった。二種の文芸は文字の用不用によって、なる程追々に其様式を分化して行こうとはして居るが、しかも文筆が全然無筆の者と没交渉になったのは、純外国式の漢文や詩だけであって、其他の部分に於ては今以て彼等の協力を絶ちきって居ない。人のよく知る三州伊良湖の糟谷磯丸などは、型の如き漁翁であったが歌を詠んだ。そうして手習は其歌を書く為に、後になってから始めたというのである。昔は神気の添うた婦女児童が、ゆくり無く歌を口ずさんで感動せられた例が多かったが、今でも童謡作品などと称して、表現のそれと近いものを事の外に珍重して居る。こそけれける哉の学びにくい三十一字ですらも、階前椽下からにじり出て私も一首仕りましたと、謂ったというような話は何程も伝わって居る。ましてや俳諧に至っては最初から執筆をたよりに、文字の無い者までが誘い催されて、連衆に加わるのが常の事であった。

三州伊良湖の糟谷磯丸
「海上の道」のテキスト中にも現われる「無筆の歌人、漁夫磯丸」。一八四八年没、享年八五歳。

柳田国男への

最短アクセス

書き・読むことと、語り・聞くことのあいだには

文字と印刷

柳田がこの文章で言いたかったことは、話すことと書くことの二つは、互いに支え合って存在している。そして、書くことの方が話すことより価値が高いように思われているが、そんなことはない、二つは同等だ、ということである。

柳田は、こう説明する。日本の文芸の歴史の中で、口による伝承と、文字による伝承の二つは、ともに「手を繋いで歩んで」来たのだ。その二つの伝承様式があって初めて一国の文芸は成立する。口伝えによる口承文芸、神話や伝説、語り物と、文字によって書かれた「手承眼承」の文芸、和歌や物語、日記とは、どちらが優れているか、と比べるようなものではない。どんな口承文芸でも、たとえば『平家物語』のように、ただ、琵琶法師が語り伝えただけではなく、文字で書かれることによって「改訂」されていたのだし、同時に昔の書かれた文芸も、口伝えの話や物語、歌謡などを基にして、そこから言葉を汲み上げることで花開いていたのだ。口承と手承眼承とはジャンルの違う文芸を指す、というより、同じ文芸における、常に互いに影響し合っていた二つの伝承様式と考えた方がよい。その二つの流れに相互の交渉があって初めて文芸というのが豊かさを持つ、と、そういうことだ。

とはいうものの、現在、書かれたもの、たとえば小説や詩の方が、語って聞かせる昔話や落語より優れた文芸と思われているのは事実である。しかし、実は書かれたものの方が特別のものと感じられるように変わってしまったのは、文字の発明を境にしてではなく、そののち、それが活字として印刷されるようになって以降のことである。なるほど「活字」とは意味深い日本語だ。書かれた文字は印刷されることによってはじめて、特別の「活き方」をするのである。柳田が簡潔に言うように、「印刷という事業は社会文化の上に、怖ろしい程の大きな変革を齎らして居る。以前双方がほぼ歩調をそろえて、各自の持場を進んで居たものが、瞬く間に両者その勢力を隔絶してしまった」のである。

整理してみよう。文字と声、話すことと書くこと、は互いに相携えて、文芸、さらにはある言語の可能性を、豊かに広げてきた。しかし、それが活字によって印刷されることで、書かれたものの持つ「残る」という機能が並外れたものにな

り、口に出されたものと文字に書かれたものとの仲が裂かれ、そのあいだの協同性が見過ごされるようになった。実際に、一五世紀のグーテンベルグの活版印刷の発明以降、活字、というものが猛威を振るった。活字になった言葉だけが永遠の生命を持ち、声に出された言葉は、瞬時に消えてしまうとみなされるようになった。私たちが知りうる昔の人の言葉は、書き手である少数の人の書物になったものだけで、「ふつうの」多くの人が発した言葉は跡形もない。この少数の書き手と、その他の無数の人とのあいだの差は、社会階層、といったものよりも激しい身分の較差であったかもしれない。何しろ片方は、消えて無くなってしまうのだから。

しかし、柳田はもう少し深いところまで議論のおもりを垂らしていたようだ。「印刷という事業」の「変革」という箇所には千鈞の重みがある。その言葉は単に活版技術による「革命」だけを指しているのではない。最近の歴史学、社会学によっても柳田と同様の指摘がなされているように、資本主義的な市場における「印刷という事業」、すなわち「出版」産業は、人々の考えや趣味、価値まで一元化するような力を持っているのだ。すでに述べたように、文字の誕生は、声による言語文化、口承文芸を発達させこそすれ、置き去りにするようなことはなく、逆に口承文芸も文字による文芸を豊かにしていた。ところが、書かれたものが印刷されるようになって、それが「個々の小さな口から耳への伝承」に対して圧倒的な力を持つことで、二つの伝承のあいだの協同性が失われただけでなく、「書かれたもの」の内部でも、印刷されたものは、「定本」となって権威を持ち、他の書かれたもの、さまざまな「写本」などを下積みに置いてしまうこととなった。

こうした印刷によって起こされた流れの中で、「書く人」はたんに書くのではなく、広範な人に向かって特殊な立場から書くこととなった。有名な少数の書き手が無名の無数の読み手に対して書く、ということが始まったのだ。かつて、口承の文芸を創造していたのは、無名の者たちであった。古典の物語の作者のように文芸を「書いて」いた人たちですら、名の有る人とは限らなかった。口承の文芸の担い手も文芸を書いていた人も、共に、その名を忘れ去られることへの無力さではさほど違わなかったかも知れない。そして、話され語られたものを聞いた者たちは、話し、語る側に回り、読んだ者たちが書く側に回ることもあり、その間にあるのは区別ではあっても「身分差」ではなかった。しかし、印刷されることで、「作者」という名の書く者と、読む者との差別が始まった。

そうした書くことと読むことの間に、政治的な言葉で表現すれば、支配と従属の関係がつくられていく時に、話すこと、語ることの持っていた、そうした関係から自由であった、一回限りであるがゆえの新鮮さがとりえの、声の息吹のようなものは、次第に個々の人々のあいだのささやき、つぶやきにしか感じられないこととなっていった。

しかし、今ふたたび、これまでに知られなかった「書くこと」、Eメールが現れた。読む者は常に同時に書く者であり、その書くものは手紙のように私信にとどまる制限は無く、広範な人に向かってのメッセージともなりうる。そこに起きていることは一体何だろう。

話し書き

中国での調査旅行中に何度か出会った場面がある。建物の塀が続く道に老人たちが椅子などを出してひなたぼっこをしつつ、その中の一人が新聞を、声を出して読んでいる。柳田が昔語りをしているようなことと同じく、いまの中国には字の読めない人がまだいるのだな、という感想も出よう。そうかも知れないし、そうでないかも知れない。眼の良い人が悪くなった人に読んでいる、と考えることもできる。いずれにせよ、そこで私が気づいたのは、そうしているときに、時に誰かが声を出して、「くり返してくれ」、と口を差しはさむことであり、そしてなによりも、新聞が「音」として響いていることだった。

その声が朗々としていた、というつもりはない。ややぼそぼそとしていたかも知れない。しかし、そこに起きていたのは、十人前後の人たちが、「同時に」新聞を読んでいることだった。聞きづらかったり、わかりにくかったりするところにくり返しが求められていることは通訳の人が教えてくれたが、時折は読みを止めてコメントが発され、笑いが出ていることは、中国語をよく解さない私にも分かった。たとえ新聞という書かれたものでも、そのことばが音になって出されるということは、ことばの働きが、複数の人たちのあいだに同時に進行する、ということなのだ、と、その光景は教えてくれた。そうした朗読が小説本である場合も見た。それはまさしく、柳田の言う、二つの伝承様式が相たずさえて一国の文芸を作っていく、という現場を思わせた。人が交わる時空では、からだから音が発されことばがやりとりされる。一度書かれたものでも、ふたたび解凍されて声になるとその働きが生まれるのだ。

もう一度、元に戻って考えてみよう。柳田が言う、二つの伝承様式のあいだの違いは何だったのか。それは口承と手承眼承というそれぞれの方法が持つ、声と文字というメディアの違いなのだろうか。ここで、私たちは柳田が使う言葉、造語のうまさにのせられてしまっているのかもしれない。つまり、「口承」と「手承眼承」という二つの言葉が同じ平面に並ぶ対の言葉のように考えられているが、そこには、言葉の働き方にとっては、重要な違い、その働いている面が違う、というところがあるのだ。

二つの様式が行われている場面を考えてみよう。口承では、二人、あるいは幾人かの人が集っているところが光景としてある。それが手承眼承では、一人の人が、書かれたものをひもといて、じっと目で追っているところが想定される。いや、もう一つ、やはり一人の人が、机を前にして、何か書いている姿が浮かぶ。しかし、この二つのことがらは同時には起きていないのだ。私が、いま、こうして書いている。それを、いま、あなたが読んでいる。この二つの「いま」のあいだには時間的なずれがある。それが文字というものの持つ、時間を超える強さでもあるし、また、読んでいるあなたと私が「出会わない」弱さでもある。

このように口承と手承眼承の、二つの様式は、もとからそれが行われる、人の交わりの場面が異なり、その違いが「印刷」によって、決定的に増幅されたのだ、と考えることが出来る。メディアとしては口承は複数の人がその場でことばをやりとりする、双方向的なものであり、手承眼承の方は、書き手から読み手に一方向的であるといえよう。ではEメールはどうか。ネット上に行われるそれは書きことばでありながら、話しことばのように、双方向的である。その意味で、活字や印刷の持つ一方的な、ある場合は「支配的な関係」から自由な、新しい文字によるコミュニケーション、あえていえば、新しい伝承、ということになろう。

しかし、Eメールは、書かれているようでいて、吹いてしまえば消えてしまう砂の上の文字のように、たんなる光と影である。ネットを通じて交わされることばが、書かれながらも話しことばである「話し書き」と名付けたいような中途半端さを漂わせているのは、ネット上で交わり、言葉を交わす私たちの、話すことと書くことの、どちらにも与しない無意識によって支えられてのこと、と考える。しかし、この新しい活字、光の字が、口承と手承眼承の協同関係を作り直す道具になりうるのかどうかはまだ始まったばかりで分からない。

柳田国男を開く

キー・テキスト

涕泣史談

柳田は、昔は旅館に泊まると夜半に、あたりから人が泣いているのを聞くことがあった、と書く。ここから始めて、泣くことの意味を、言葉とコミュニケーション（「人間交通！」）に発展させて、それがエピソードの紹介とオチで終わったりせずに、一つの論、それも刺激的な論考にしてしまう不思議さは、柳田、という、意志と知識と願いの詰まった人格の不思議さだ。一九四〇年に書かれ、『不幸なる芸術』（一九五三）所収。この本には他に、うそ、サギ、悪巧み、馬鹿話、といった、次第に捨てられてきている「不幸なる芸術」の論考が収められている。

つい最近にも、雑誌の「婦人之友」だったかで、子供を泣かせぬようにするのが、育児法の理想であるというようなことを、論じて居た婦人があって、私も至極尤もなことだと思ったことであったが、この感想などは恐らくは現代の公論であって、それが又有力に結果の上にも顕われて居るのかと思う。ところが是と全くちがった考えの人も、以前は確かにあった。「泣く児は育つ」「泣く児は頭《かしら》堅し」という類の諺も古く世に行われ、又泣くのは丈夫だからだなどと謂ったのも、必ずしも気休めの語では無かったらしい。子供は泣くのが商売だからと、平気でそう謂って居る母親もあった。実際又夜啼きには閉口するけれども、生れたばかりの赤児などは、あんまり啼かぬと気にかける親もあった。此頃読んで見た津村淙庵の『譚海』の中に、赤穂義士の一人堀部安兵衛の妻女、尼となって長命して居た者の談話というのが、十何箇条か筆録してある。この婦人は子持たずに終ったかと思われるのに、やや珍らしい育児の経験談がある。多分は人の話に同感をしたか、又は脇に居て観察をしたかであろう。

　小児の泣くということ、制せすに泣かすがよし。其児成長して後、物いい伸びらかになるもの也と、同じ尼の物語なり

私も至極尤もなことだと思った
柳田はしばしばこのような言い回しで、納得しているように見せたのち、しだいに保留すべき点を上げ、いくつかの箇所に疑問符を付け、そうした長い迂回の末に、このテキストの最後にあるように、「泣きさえしなければ子供は常に幸福と、速断してしまうことも考えものなのである」と（ここに至っても「考えもの」というやや曖昧な言い回しをするのを忘れないのであるが）逆のことを言う。

とある。私は是を元禄時代の一つの常識であって、此尼老年の頃になるともう変遷して、聴く人に意外な感を抱かせるようになって居た例かと思う。少なくとも曾ては叱って打ったりするほどの干渉をすらも加えずに勝手に泣かせて置いた社会もあったのかと想像して居る。その考え方が果して正しいかどうか。つまりは泣きたいほど泣かせるということが、言いたいことを何でも言い得る技能の、養成法として役に立つものかどうか。新らしい文化科学の方面からは、今はまだ何れとも確かめられては居ない。人の表現技能の貧弱さを歎いて居る我々は、ともかくも斯ういう前代人の実験的知識に、深い注意を払わずには居られないのである。

今日の有識人に省みられて居らぬ事実は色々有る中に、特に大切だと思われる一つは、泣くということが一種の表現手段であったのを、忘れかかって居るということである。言葉を使うよりももっと簡明且つ適切に、自己を表示する方法として、是が用いられて居たのだということは、学者が却って気づかずに居るのではないかと思われる。この点に立脚して考えると、同じ一つのナクという動詞を以て言い現わされるもう一つの行為、即ち「涙をこぼす」「悲しむ」又は「哀れがる」行為、即ち忍び泣きと呼ばるる方のナクは、単語は同じでも全然別種のものであって、しかも現在はこの両者の間に、大きな混同が生じて居ることが認められる。

表現は必ず言語に依るということ、是は明かに事実とは反して居る。殊に日本人は眼の色や顔の動きで、可なり微細な心のうちを、表出する能力を具えて居る。誰しも其事実は十二分に経験して居りながら、しかもなお形式的には、言語を表現の唯一手段であるかの如く、言いもし又時々は考えようともして居る。是は学問の悲しむべき化石状態であって、新たに国の針路を決しなければならぬ当代に於ては、殊に深く反省して見るべき惰性又は因習であるかと、私などは考えて居る。

忍び泣きと……別種のものであって　ここで言う別種とは、このテキストで論じられている「泣く」が、いわば自分自身の内側からの表現として泣くのに対し（自動詞といってよいか）、ここの「泣く」は、何か対象物を、泣くべき、哀れな、悲しいもの、とする「判断」の要素が入っている（他動詞とでもいうか）違いを指している。

国の針路を決しなければならぬ当代　振り返ってみれば、開戦前夜の一九四一年六月という、内外の政治情勢が切迫し、国の中にある種の緊張感が支配していた（当時の言葉遣いで言えば）「時局」にこの講演は行われた。

言語以外の表現方法は、総括して之を「しぐさ」又は挙動と謂って居るが、或は此語では狭きに失して、「泣く」までは含まぬような感じがある。しかしもっとよい名が出来ぬ以上は、用心をして此名で呼ぶより他はない。ジェスチュア・ラングェージという語を、タイラーの原始文化論などには使って居て、是が社会生活の大きな役割をして居ることは、少なくとも未開人に就いては、くりかえし我々の実験し得た所であるが、実は有りふれたこととして気に留めないばかりで、多くの文明人も亦そういう空気の中に生息して居るのである。それにも拘らず、今日は言葉というものの力を、一般に過信して居る。それというのは書いたものが、余り幅をきかせるからかと思う。文章はすべて言葉ばかりから成立ち、日本は又朗読法などということをまるで考えに入れない国であるから、書いたものだけに依って世の中を知ろうとすると、結局音声や「しぐさ」のどれ位重要であったかを、心づく機会などは無いのである。

言語の万能を信ずる気風が、今は少しばかり強過ぎるようである。「そう言ったじゃないか」、そうは言ったが実際はそう考えて居なかった場合に、斯ういう文句でぎゅうぎゅうと詰問せられる。「何がおかしい」。黙って笑って居るより外は無い場合に、言葉で言って見ろと強要せられる。「フンとはなんだ」。説明して見よという意味であるが、実はその説明が出来ないから、ただフンと謂うのである。是等は大抵は無用の文句で、それを発言する前から、もう相手の態度はわかって居るのである。寧ろ言語には現わせないことを、承認する方式見たようなものである。泣くということに対しても「泣いたってわからぬ」、又は「泣かずにわけを言ってごらん」などとよく言うが、そう言ったからとて左様ならばと、早速に言葉の表現に取替えられるものでも無い。もしも言葉を以て十分に望む所を述べ、感ずる所を言い現わし得るものならば、勿論誰だって其方法に依りたいので、それでは精確に心の裡を映し出せぬ故に、泣くという方式を採用するのである。従って言葉を以てする表現技能の進歩と反比例に、この第二式の表現方法が退却することは、赤ん坊から子供、少年から青年へと、段々泣かなくなって行くのがよい証拠である。誰だって自由に思ったことが言えるならば、物好きに泣いて見る者などは有ろう筈がないのである。

　故に現代がもしも私の観測した通り、老若男女を通じて総体に泣声の少なくなって来た時代だとすれば、それは何等か他の種の表現手段、という中にも主として言い方の、大に発達した結果と推定して、先ずまちがいは無いのである。なお一方には泣くことが人間交通の必要な一つの働きであることを認めずに、ただひたすらに之を嫌い憎み、又は賤しみ嘲るの傾向ばかり強くなって居ることを考えると、或は稀には不便を忍んで、代りの方法は一つも無くても、なお泣くまいと努力して居る者が無いとは言えない。従って是を直接に人間の悲しみの、昔よりも少なくなった兆候と見ることは、まだ少しばかり気遣わしく、泣きさえしなければ子供は常に幸福と、速断してしまうことも考えものなのである。

単行本『昔話と文学』

柳田国男への
最短アクセス

泣くことのコミュニケーションとしての変遷

泣くという「人間交通」

一九四一年六月に「国民学術協会公開講座」において行われたこの講演で柳田は、二つのことを言おうとしている。

一つは、「涕泣」に関することがらである。昔の書物や、この数十年の観察から、最近は人が泣かなくなったように見える。ことに、男は人前で泣かないものとされ、子供は泣かさずに育てるのがよいとされて、その傾向は強まっているようである。なるほど旅先で宿屋の隣の部屋からの泣き声などを耳にすることが少なくなってきたのは、人々の不幸が減ったことかも知れないし、泣くしかなかったことを、上手に言い得るようになった結果かも知れない、と柳田は考える。しかし、逆に、もし泣かないことで、それ以外では表現しようのないことが、むしろ抑えられていたらどうだろうか。泣かない子供は、はたして泣くことがない幸福な存在なのか、泣くことを抑圧されているかわいそうな存在なのか。

本書をここまで読んできた読者ならば、こうした柳田の主張がすでにいろいろな形で表されているのを見てきたはずである。すなわち、「近代」がもたらす変化の激しさは、私たちのそう長くはない一生においても、目に見える変わりようをもたらしている、ということ。その変化の中でも、とりわけ、社会の制度が整序され、たとえば書かれたことばというものが私たちの生活を律するようになっていくその裏側で、からだのふるまい（たとえば泣く、ということ）や表現の中に伝えられてきたさまざまなことが失われてきている、ということ。しかし、その失われつつある、私たちのからだに刻み込まれている伝統文化は、制度や法律では代替できないものであり、それらが基層にあってこそ文化は本当の豊かさを持ちうるのだ、と。

こうした柳田の主張から、彼が世の中の文化の現れを次の二つの水準でとらえていたことが分かる。第一に、近代科学的な、書きことばで表現されるような論理性、第二に民俗の文化として備わった、話しことばやふるまいの中に現れる身体性である。しかし、いまの私たちの学問は、柳田が考えていた地点から少し先に来ていて、もう一つ別の観点を持ち得るようになっている。それは、人間の中の「自然性」という観点である。実は、この観点のあり得ることについて、柳田

郵便はがき

111-8790

料金受取人払

浅草局承認

1056

差出有効期間
平成14年6月
30日まで

(受取人)
東京都台東区蔵前2-5-3
筑 摩 書 房 行

小社の刊行物について、または今後刊行を希望される出版物について、
ご意見がありましたらお書き下さい。

ご購読ありがとうございます。以下の項目についてお答えいただければ幸いです。

●書名	●お買い求めの書店
●お名前	● 男 ・ 女 歳 ●ご職業

●ご住所 （〒 - ）

●この本の出版を何でお知りになりましたか
a．書店の店頭で見て　b．人にすすめられて
c．広告を見て（新聞・雑誌名 ）
d．書評・紹介記事・ＴＶ等を見て（新聞・雑誌・番組名 ）
e．小社の（新刊案内・内容見本・ＨＰ）を見て　f．その他

●購読新聞	●購読雑誌

●ご希望の方にＰＲ誌「ちくま」見本誌をお送りします（希望する　希望しない）

●本書についての感想をお聞かせ下さい
（お寄せいただいた感想は新聞広告等で使わせていただくことがあります）

も、テキストの中で、「泣きたいほど泣かせる」ということが言語の習得に役立つかどうかは「新しい文化科学」ではまだ確かめられていない、という言い方で暗示している。柳田の時代には確かめられなかった、しかし、いま、それが明らかにされようとしているもの、それが人間の「自然性」である。

人間の自然性とは、人間が、生物として持っている基本条件のことである。食べ、眠り、生殖を行う、といったことがらの中にそれは見出される。しかし、「食べる」という行為を取ってみても、同時にそれは文化的に作られた側面も持つ。人間は自分たちが作り出した文化的な行為として、料理をし、作法に則り食事をし、味わうことを楽しみとして、「食べる」ことを行っているのだ。どこまでが自然性であり、どこからが文化性であるのか、が見極められないこと、そこにこそ、人間という存在のおもしろさがあるかも知れない。そこのところを自然の側から遺伝子を対象として研究している人たちもいるし、反対の側から社会による文化の違いを解くことでそこに理解のメスをとどかそうとしている人たちもいる。そうした遺伝子学、大脳生理学に加え、動物行動学、霊長類学、文化人類学といった学問が重なり合って、柳田が期待した「新しい文化科学」による、人間の自然性が探求されているのだと言えよう。

話を「泣く」ということに戻せば、例えば、動物行動学では、零歳児が、「アー」とか「クー」といった非言語的音声を発することが、その後の言語獲得に必要不可欠であることを説いている。堀部安兵衛の妻の談話にある「小児の泣く」というのは、この「アー」「クー」に近いものを指しているのではなかろうか。実は、それらの人間の幼児の音声はチンパンジーの赤ん坊などと比較研究されているのだが、人間もチンパンジーも、母親と子供が互いにコミュニケーションの関係に入ろう、という意志があることで共通している、と説明される。その「クー」音からはずいぶんと隔たった感のする、幼児や小児の「泣きわめく」と表現したくなるあの音声も、いや、むしろ、あれこそ、柳田のいう、「人間交通」(コミュニケーション)としての泣くことの典型かも知れない。

ここから考えを進めると、いくつかのヒントが思い浮かぶ。たとえば、大人が泣くことを止めてしまったこと、それは、柳田説の、言語表現が発達したということではなく、人間交通の欲求自体が少なくなっている、またはそのかたちが変化していることを示すのかも知れない。他人に対して、薄いつきあいを望んでいるために、泣くことを表現として取る必要がない。または、互いに泣いて分かり合う、であるとか、押さえていたものをどっと吐き出すことで丸ごと受け入れてもらう、といった、時に「ベタベタした」、とマイナスに形容される「関係」を、避けるようになってきた。そうだとすると、それは不幸というものの消長とは、別種の変質が起きていることになる。

また別のヒント。柳田は朗読の重要性に、この文章で触れている。「泣く」から派生したにしてはずいぶん横道に入っているようだが、そうではない。声となったことばの持つ力の根源を、泣き声の人をとらえる力から探ろうとしているのだ。なるほど、柳田が言うように日本では「朗読法」というものが軽視されてしまっているが、他の社会ではそうではない。朗読法は「近代化」によって書きことば中心になり、次第に薄れて行く、というわけではない。人が人を「説得する」のに最も力を発揮するのは音として具現したことばであり、欧米であれば、教会の説教であれ、政治家の演説であれ、科学論文の発表であれ、すぐれた朗読によってなされる。それが日本で廃れたことと、泣くことが余り見られなくなったこととのあいだには深い関係があるかも知れない。

それは「泣く」ということの表面的な現れからは見えにくいかも知れない。欧米でもやはり余り大人は泣かないように見えるのだから。しかし、泣く、ということが、その泣いている人間の中から湧いてきた非常に個人的なことがらであることと、声にして発せられた考えは、まさにその人個人のものとして出て行く、ということの類似性はヒントとなるだろう。声に「匿名」はあり得ない。説教も演説も、論文も、署名が無くとも、ある個人に属していることは、はっきりしていて、声にしたらそれを引き受けなければならない。いいかえれば、人前で声を発することには責任が伴う。この日本で、そうした、肉声の持つ責任、というものの薄れたことと、人が泣かなくなったことに関係はないだろうか。

史談

この講演のもう一つの主張は、「史談」についてである。柳田はここで、「泣く」といった、歴史学では見捨てられがちな行為を取り上げ、そこにも変遷があることを説く。これは彼が、『明治大正史世相篇』で集中的に行った、同時代史の手法である。彼はこのキー・テキストの前のところで、昔から「モモトセ」というように、社会は百年くらいを単位として変わっているようだ、という。だから、江戸時代の二百数十年を一かたまりにしている大衆作家などの誤解は大きい。しかし、最近では、その単位はさらに五十年くらいに短くなっているから、そのような社会事象の観察はいよいよ精確にすることが必要である、と。

この、五十年を単位とするということの柳田の主張は、彼が生きた時代の観察から生まれた。しかしそれから半世紀過ぎた今日、私たちの社会の変遷はいよいよ早くなり、その移り変わりの時間的単位は、さらに短くなっていると思われる。江戸時代だって、堀部安兵衛の妻の談話というのは、すでに五十年前の昔が忘れられているから筆録されているのである。

どうも、「時代」という区分に、まずいところがある。昭和、平成、といった元号をいまだに用いている私たちの社会では、元号が変わることで時代も変わる気がする、という、原因と結果の転倒を平気で行っているために、歴史的な「時代」にとらわれることがひときわ大きいのかも知れない。今でもあるのか知らないが、昔、よく小学校の教室の黒板の上に、右から左にかけて、鎌倉時代、室町時代、その間に、短い建武の中興、といった「時代」が、色によって塗り分けられた巻物のような表があったが、あの罪は大きい。江戸時代から明治にかわるところでくっきりと色が変わっているのが、ちょんまげを切り落としたと同時にすべてが変わったかのような印象を与えている。柳田の仕事というのはそれにあらがうことをもって目標としているところがある。「近代」の変化は突然ではなく、連続的に、そして加速度的に起きていることを明らかにすること。

「史談」のポイントはその「談」にある。談ずる人は、時代の色が変わったところで話を変えるわけではない。ある作家は、「歴史」は「昔噺」とおきかえて、「明治維新昔噺」とした方が歴史に温度が感じられる、と言った。その時代の変化のただ中に生きた人は、ある日突然自分の色を塗り替えたのではないのだから、その人がする噺、史談は、連続するものの中に変化を語ることになる。

私も生きてきた時間が五十年を越えて、さて史談を語る資格が出てきたが、何を語るのか。まずは、自分自身が小さいときに「泣虫」であったことだろうか。そのことの私固有の心理的な部分を取り除いて、私が五人兄弟の末っ子という、同世代の中では年を取った両親や年上の姉たちと一緒に育ったことから来る、比較的古い感情教育を与えられていた歴史的側面を語ることが出来るだろうか。五〇歳にならずとも、変化の加速度からすると私たちは、故老に昔のことを聞き社会の変遷をとらえるのでなく、私たち自身が自らの「故老」になって時代の変化をとらえることが必要となっている。

キー・テキスト

雪国の春

名文である。それだけでテキストとして選ぶ価値はあった。それに加えて、「北国の春」が、いかに京都を中心とする「典型」の支配下から逃れて、もう一つの別の春として表現されていったか、というこの日本列島の美意識の変遷が描かれているところに価値はある。「町風田舎風」の「田舎風」の美意識、ひいてはそこにおける生活の価値が、中央から隔たった、周辺のつまらないものだ、とされた劣位の立場からどう立ち上がるか、という、これはごく、現代的な問いかけでもある。このテキストは一九二五年に書かれ、同名の『雪国の春』（一九二八）に収められた。

支那でも文芸の中心は久しい間、楊青々たる長江の両岸に在ったと思う。そうで無くとも我々の祖先の、夙に理解し歎賞したのは、所謂江南の風流であった。恐らくは天然の著しい類似の、二種民族の感覚を、相親しましめたものが有ったからであろう。始めて文字というものの存在を知った人々が、新たなる符号を透して異国の民の心の、隅々までを窺うは容易の業で無い。殊に島に住む者の想像には限りが有った。本来の生活ぶりにも少なからぬ差別があった。それにも拘わらず僅かなる往来の末に、忽ちにして彼等が美しと謂い、あわれと思うものの総てを会得したのみか、更に同じ技巧を仮りて自身の内に在るものを、彩どり形づくり説き現すことを得たのは、当代に於ても尚異数と称すべき慧敏である。かねて風土の住民の上に働いて居た作用が、たまたま双方に共通なるものが多かった結果、言わば未見の友の如くに、安々と来り近づくことが出来たと見るの外、通例の文化摸倣の法則ばかりでは、実は其理由を説明することが六つかしいのであった。

我々の祖先の……江南の風流　ここで柳田が念頭においているのは、平安中期の『和漢朗詠集』などに採られた、たとえば中国の詩人、白居易の『白氏文集』中の作品などのことであろう。

風土と季候とが斯程までに、一国の学問芸術を左右するであろうかを訝る者は恐らくは日本文献の甚だ片寄った成長に、まだ心付いて居らぬ人たちである。西南の島から進んで来て、内海を取囲む山光水色の中に、年久しく栄え衰えて居た人でないと、実は其美しさを感じ得なかったような文学を抱えて、それに今まで国全体を代表して貰って居たのは、必ずしも単なる盲従及至は無関心では無いのであった。今一つ根本に溯ると、或は此様な柔かな自然の間に、殊に安堵して住み付き易い性質の、種族であったからということになるのかも知らぬが、如何なる血筋の人類でも、斯ういう好い土地に来て悦んで永く留らぬ者はあるまい。全く我々が珍しく幸運であって、追われたり遁げたりするような問題が少しも無くいつ迄も自分たちばかりで呑気な世の中を楽み終せて居たうちに、馴染は一段と深くなって、言わば此風土と同化してしまい、最早此次の新らしい天地から、何か別様の清く優れた生活を、見つけ出そうとする力が衰えたのである。

文学の権威は斯ういう落付いた社会に於て、今の人の推測以上に強大であった。それを経典呪文の如く繰返し吟誦して居ると、いつの間にか一々の句や言葉に、型とは言いながらも極めて豊富なる内容が付いてまわることになり、従って人の表現法の平凡な発明を無用にした。様式遵奉と摸倣との必要は、たまたま国の中心から少しでも遠ざかって、山奥や海端に往って住もうとする者に、殊に痛切に感じられた。それ故に都鄙雅俗というが如き理由も無い差別標準を、自ら進んで承認する者が益々多く、其結果として国民の趣味統一は安々と行われ、今でも新年の勅題には南北の果から、四万五万の献詠者を出すような、特殊の文学が一代を覆うことになったのである。

江戸のあらゆる芸術がつい近い頃まで、この古文辞の約束を甘受して居たことは、微笑を催すべき程度のものであった。漸く珍奇なる空想が入って来て片隅に踞まって居ることを許され、又は荒々しい生れの人々が、勝手に自分を表白してもよい時代になって

西南の島から……栄え衰えて居た人　この語句が指す人々、つまりこのテキストであつかわれている北国の人とは、南からこの列島にやって来た人たちのことである。柳田による後年の、日本人を南の島々からやって来た人々と、とらえる方向性は、この時（一九二五年）にもすでに明らかである。

勅題　宮中で開かれる歌会始の題。

も、やはり露西亜とか仏蘭西とかに、何かそれ相応の先型の存在することを確めてからで無いと、人も歓迎せず我も突出して行く気にならなかったのは、恐らくは亦永年の摸倣の癖に基づいて居る。即ち梅に鶯紅葉に鹿、菜の花に蝶の引続きである。しかもそれをすら猶大胆に失すと考える迄に、所謂大衆文芸は敬虔至極のものであって、今一度不必要に穏当なる前代の読み本世界に戻ろうとして居るのである。西欧羅巴の諸国の古典研究などは、人の考を自由にするが目的だと聴いて居るが、日本ばかりは之に反して、再び捕われに行く為に、昔の事を穿鑿して居るような姿がある。心細いことだと思う。だから我々だけは子供らしいと笑われてもよい。あんな傾向からわざと離背しようとするのである。そうして歴史家たちに疎んぜられて居る歴史を捜して、もう少し楽々とした地方地方の文芸の、成長する余地を見付けたいと思うのである。

其話を出来るだけ簡単にする為に、茲には唯雪の中の正月だけを説いて見るのだが、今説こうとして居る私の意見は、実は甚だ小さな経験から出発して居る。十年余り以前に仕事があって、冬から春にかけて暫くの間、京都に滞在して居たことがあった。宿の屋根が瓦葺きになって居て、よく寝る者には知らずにしまう場合が多かったが、京都の時雨の雨はなるほど宵暁ばかりに、物の三分か四分ほどの間、何度と無く繰返してさっと通り過ぎる。東国の平野ならば霰か雹かと思うような、大きな音を立てて降る。是ならば正しく小夜時雨だ。夢驚かすと歌に詠んでもよし、降りみ降らずみ定めなきと謂っても風情がある。然るに他のそうでも無い土地に於て、受売して見ても始まらぬ話だが、天下の時雨の和歌は皆是であった。連歌俳諧も謡も浄瑠璃も、さては町方の小唄の類に至るまで、滔々として悉く同じ様なことを謂って居る。また鴨川の堤の上に出て立つと、北山と西山とには折々水蒸気が薄く停滞して、峰の遠近に応じて美しい濃淡が出来る。ははア春霞というのは是だなと始めてわかった。それが或季節には夜分まで残って所謂

日本ばかりは之に反して、 この箇所から「笑われてもよい」まで、日本における西洋古典研究に対する痛烈な皮肉であり、かつ、それらに対する闘争心の現れ。筆者は現在の日本の「西洋古典研究」に関してもなお、同様の感想を持っている。

おぼろおぼろの春の夜の月となり、秋は昼中ばかり深く立って、柴舟下る川の面を隠すが、夜は散じて月さやか也と来るのであろう。言わば日本国の歌の景は悉くこの山城の一小盆地の、風物に外ならぬのであった。御苦労では無いか都に来ても見ぬ連中まで、題を頂戴してそんな事を詠じたのみか、たまたま我田舎の月時雨が、之と相異した実況を示せば、却って天然が契約を守らぬように感じて居たのである。風景でも人情でも恋でも述懐でも、常に此通りの課題があり、常に其答案の予期せられて居たことは、天台の論義や旧教のカテキズムも同様であった。だから世に謂う所の田園文学は、今に至るまでかさぶたの如く村々の生活を覆うて、自由なる精気の行通いを遮って居るのである。

白状をすれば自分なども、春永く冬暖かなる中国の海近くに生れて、この稍狭隘な日本風に、安心し切って居た一人である。本さえ読んで居れば次第次第に、国民としての経験は得られるように考えて見たこともあった。記憶の霧霞の中からちらちらと、見える昔は別世界であったが、そこには花と緑の葉が際限も無く連なって、雪国の村に住む人が気ぜわしなく、送り迎えた野山の色とは、殆ど似も付かぬものであったことを、互に比べて見る折を持たぬばかりに、永く知らずに過ぎて居たのであった。七千万人の知識の中には、斯ういう例がまだ幾らもあろうと思う。故郷の春と題して屢々描かれる我々の胸の絵は、自分などには真先きに日のよく当る赤土の岡、小松まじりの躑躅の色、雲雀が子を育てる麦畠の陽炎、里には石垣の蒲公英や菫、神の森の木の大がかりな藤の紫と、今日からあすへの堺目も際立たずに、いつの間にか花の色が淡くなり、樹蔭が多くなって行く姿であったが、この休息とも又退屈とも名づくべき春の暮の心持は、ただ旅行をして見ただけでは、恐らく北国の人たちには味い得なかったであろう。

七千万人
一九二五年時点における七千万人とは、当時の植民地の朝鮮人、台湾人という「日本人」は入れないで、日本列島の日本人だけを指しているのであろう。柳田にとって論ずべき、「我々」、「国民」とは戦前の大日本帝国の時代においても、日本列島の「日本人」だけであった。ただし、このテキストが書かれた一九二五年の内地人口（沖縄県、小笠原諸島、千島を含む四七都道府県にすむ内地人（内地に本籍を持つもの）、外地人（朝鮮人、台湾人など）、及び外国人）は五九、七三六、八二二人である。それからすると、内地に住む外地人、外国人の数を引いたり、外地にすむ内地人を足したりしても、「七千万人」に当たる何らかのカテゴリーがあるようには思えない。一九三五年になると、「日本人」はほぼ七千万人、という認識が常識となるのだが。関連文献：小熊英二、一九九八『〈日本人〉の境界』（新曜社）

燕を春の神の使として歓迎する中部欧羅巴などの村人の心持は、似たる境遇に育った者で無いと解しにくい。雪が融けて始めて黒い大地が処々に現れると、すぐに色々の新らしい声が起り、黙して叢の中や枝の陰ばかりを飛び跳ねて居たものが、悉く皆急いで空に騰がり、又は高い樹の頂上にとまって四方を見るのだが、其中でも今まで見かけなかった軽快な燕が、わざわざ里近く駃け廻って、幾度か我々をして明るい青空を仰がしめるのを、人は無邪気なる論理を以て、緑が此鳥に導かれて戻って来るものの如く考えたのである。春よ還って来たかの只一句は、何度繰返されても胸を浪打たしむる詩であった。嵐吹雪の永い淋しい冬籠りは、ほとほと過ぎ去った花の頃を忘れしめるばかりで、もしか今度は此儘で雪の谷底に閉されてしまうので無いかという様な、小児に近い不安を味って居た太古から、引続いて同じ鳥が同じ歓喜をもたらして居た故に、之を神とも幸運とも結び附けて、飛ぶ姿を木に刻み壁に画き、寒い日の友と眺める習いがあったのである。そうして是とよく似た心持は、亦日本の雪国にも普通であった。

即ち此の如くにして漸くに迎え得たる若春の悦びは、南の人の優れたる空想をさえも超越する。例えば奥羽の処々の田舎では、碧く輝いた大空の下に、風は軟かく水の流れは音高く、家にはじっとして居られぬような日が少し続くと、ありとあらゆる庭の木が一斉に花を開き、其花盛りが一どきに押寄せて来る。春の労作はこの快い天地の中で始まるので、袖を垂れて遊ぶような日とては一日も無く惜いと感歎して居る暇も無いうちに、艶麗な野山の姿は次第次第に成長して、白くどんよりとした薄霞の中に、桑は延び麦は熟して行き、やがて閑古鳥が頻りに啼いて、水田苗代の支度を急がせる。この活き活きとした季節の運び、それと調子を合せて行く人間の力には、実は中世のなつかしい移民史が匿れて居た。其歴史を滲み透って来た感じが人の心を温めて、旅に在っては永く家郷を懐わしめ、家に居ては冬の日の夢を豊かにしたものであったが、単に農人が文字の力を傭うことをしなかったばかりに、其情懐は久しく深雪の下に埋もれて、未だ多くの同胞の間に流伝することを得なかったのである。

山形県庄内平野、旧黒川村の、春を迎える正月の神事、王祇祭。上（かみ）、下（しも）の二つの座に分かれ、競い合いながら祭を進める。この写真は、祭の二日目の朝、神社の石段の下で、二つの座の、「当人」と呼ばれるその年の祭主が出会い、礼を交わしているところ。撮影：船曳建夫、1973年。

柳田国男への最短アクセス

「雪国の春」の美しさを、この名文で楽しんでください

この「雪国の春」を教室で学生と議論していたときに、柳田の文章は読みづらい、という話になった。漢語、和語入り交じって出来た文章の、論理が行きつ戻りつして、どこに向かっているのか、そもそも進んでいるのかどうかも分からない、と学生がいう。私が、柳田の文章はただ読んだとおり、と言って、この「支那でも文芸の中心は……」という段落を朗読したところ、学生が不思議がる。そうやって声に出してみることを考えなかったようなのだ。そうやって声に出して読み下すと理解が進む、ということも。こう書いてみるとまるで老先生と学生とのやりとりのようだが、私もまだ四〇歳ちょっとのころであった。しかし、二〇歳ほど違う学生たちとは、柳田のことばに対する感覚が、ことに、それを朗読してうっとりする、といった身体的な感覚になると、隔絶したものがあるようだった。これには、私が、元々、日本の古典文学や古典邦楽が好き、といった、同年輩の中でも特異なところがあるのを計算に入れなければならないだろう。とはいっても、柳田を朗読して楽しめないと、これは外国語をアンダーラインを引きながら解読していく、と同じ種類のことになり、索漠たる味わいとなる。

もちろん柳田の文章自体の古さということはある。私だって、読める、とはいっても柳田のように「書け」はしない。しかし、彼の文章は、そのリズムと、枝分かれしてはまた元に戻るその論理とが、ハーモニーを成して進んでいくのを頼りにしなければ、すこぶる読みづらいだろう。最低限、その文章の長短を意識しないと、彼の説き明かそうとしている議論の、強調点がどこにあるか、何を高い調子で訴えているか、がとらえられない。たとえばこの文章の第一段落でいえば、「支那でも……」とゆっくり語り出し、中くらいの次第に長くなるセンテンスを四つ続けたあとで、「殊に島に住む……」、「本来の生活ぶり……」と対句をなす二つの短いセンテンスを置き、やや議論の高潮を静めて読者にも余裕を与えたあとで、いよいよ言いたかったことを、二つの長いセンテンスで一気に述べてしまう。これは朗読してみるとよく分かる。名文というものの神髄は、文飾をほどこすこととは違って、こうした身体的な感覚と論理との一致にあるのだ。その一致の仕方を文体という。さて、本題に移る。

和歌による日本征服

和歌の歴史はほとんど日本の文芸の歴史である。一番古い勅撰和歌集の万葉集が編まれてから、一二〇〇年たったいまも、多くの人が和歌の形式、五・七・五・七・七で短い詩、短歌を作っている。正月には皇居で「歌会始」(「新年の勅題」)が行われるが、全国から何万という数の作品の応募がある。このことはたんに、日本人が古い形式の芸術を好んでいる、というにとどまらない。誰もがこの国では、歌を詠むことが出来る、文芸の作り手である、ということを表している。

しかし柳田がいうように、表現されている内容は、必ずしも観察されたものから発想されているのではない。そこには型がある。和歌を作るための言葉の選び方や展開の仕方、いや、発想そのものにも、約束事や、価値の上下があるのだ。そして「型とは言いながらも極めて豊富なる内容が付いてまわることになり、従って人の表現法の平凡な発明を無用にした」結果、それに則って、字数を合わせると和歌らしきものが作られることとなった。

その型が生まれたのは京都の宮廷の文化の内においてであり、「日本国の歌の景は、悉くこの山城の一小盆地の、風物に外ならぬ」、と柳田はいう。京都の文化、それが「高い」ものとして地方に広がり、地方の田園文学といったものも、中央である京都の風物に合わせて作られていて、結局いまでもその高い文化が「かさぶたの如く村々の生活を覆うて、自由なる精気の行通いを遮って居る」、と喝破する。だから、和歌による表現、その日本の文芸上の、ひいては文化全般における重要性を考えれば、それが京都の高い文化の持つ感受性の型によって統一されたとすると、日本は、古くは大和朝廷によって武力的に征服された後に、再び和歌によって文化的に征服された、といえるだろう。藤原定家は、承久の乱に際し、武力によって鎌倉幕府をたおそうとした公家たちの試みに対して、「紅旗征戎我がことにあらず」ということばで、そうした現実政治の覇権争いから離れた自分の立場を表わしたが、実は定家の向かったその和歌の道は、武力でなしに、日本の征服を成し遂げたのだ。

もちろん、そうした型の踏襲への批判から出発している現代の短歌を、王朝時代の和歌とまったく同列にしては論じられないが、以上に述べた出生の背景は変わらない。和歌の文化の果たした影響はいまだに色濃く残っている。その日本文化の統一をもたらした「型」が、温暖なる西南日本の京都――実は京都を南国とするのはちょっと苦しいところではあるのだが――で成立したことは、そのまま北国の風物を「日本」の外とはいわずとも、少なくとも周辺の位置に追いやることとなった。北国にいても小夜時雨を想像しなければならないし、北国の川であろうと、そこにある春の情景には、歌に詠まれた鴨川の春霞を見出さなければならない。そうしたことは滑稽なことのようでいて、その型の持つ強さは、そうしたいぶかしみなど問題ともせず、平凡な発明などは無き物にしてしまう強さを持って、連綿として続いてきたことはすでに述べた。それは、和歌においては正岡子規の古今集批判以後、過去のものになったようにも思えるが、私たちの自然を見る目の中に、いまだに強く残っている。

俳句による日本発見

柳田はこうした京都を中心とする「都の文化」に、東と北の「鄙《ひな》の文化」を対置して考える。そうした中央の、都の美意識からは外されてきた、たとえば農民たちの生活にある「北国の春」の美しさ、その季節の移り変わりのリズムに目を向けようとする。

確かに、こうした田舎の風物は、和歌を中心とする世界の中には出てこない。古典文学の「更級日記」や「伊勢物語」を読むと、その舞台である東国は、京都の風物になぞらえて語られるか、地の果てのように見なされて、疎んじられる対象でしかないようだ。しかしそれは、こうした作者がことさら地方に対して否定的な考えの持ち主であった、というよりは、かれらがもっていた都の文化が生んだ美意識があまりにまぶしく、周りが見えなかったということである。そうした美意識に基づいた古典をいまでも私たちは学校で習っている。それはどういうことになるのか。これは柳田の問いでもある。

私が英国に滞在していたとき、インド人の研究者夫妻と知り合いになった。その夫人は高い教育を受けた知的で感性豊かな方であったが、彼女にとって初めて滞在することとなったイギリスの春に、ラッパ水仙の咲き乱れるのを見て、奇妙な感じを持った。幼いころから英語の教育を受けて、ワーズワースの詩などによって、十分になれしたしんでいたつもりのその花が、実際に咲いているところを見たのは初めてであったのだ。もとより英国の文芸を学ぶことはその美意識を身につけることでもある。彼女はその文芸の道具立ての一つであるラッパ水仙の実物を見たことのないままに、その美しさのイメージだけが自分の身に備わってしまっていたことに、今さらながら驚きを禁じ得なかった。ここにあるのは、より大きな枠組みで言えば、植民地における宗主国の文化の影響と支配問題、また南北の、経済ではなく文化的な優位・劣位の問題、である。

ただ、柳田は、その格差の中に生まれている別の流れを見ようとする。まず北国に目を向け、日本列島の中で、南から次第に北に向かって人々が移住していったことを見出す。そして移り住んだ北国でも、はじめは「和歌の型」によって都の美意識を強固に守っていたのが、次第にもう一つの春、「北国の春」をそのまま愛でる気持ちが出てくるプロセスを読み取ろうとする。

一方、こうした日本の文芸の中の「南の優位」に対し、「異議」をとなえる形式として俳句は機能するようになった。その代表として、芭蕉の「奥の細道」を考えることが出来るだろう。そのころの都であった江戸を離れ、地方である東北を旅し、その風物を眼の前にして、その中に、新しい美と感情を見出すこと、それが芭蕉のしようとしたことである。その芭蕉の用いた形式が和歌ではなく、俳句であった、ということには強い理由がある。なぜなら、京都の宮廷の世界の中で洗練された和歌とは違い、江戸期の市井の暮らしの味わいのなかで練り上げられていた俳句は、北国の人々の生活や風物を描き出すのに、より適切なものであったろうから。

少しおおざっぱになるが、室町から江戸時代にかけて、和歌、連歌から次第に俳句へ、と文学の熱気が移行したことは、京風の高い文化から庶民の文化に焦点が移ったことを表している。そしてまた、面白いことに、柳田という個人の歴史にも同じことが見られる。新体詩、和歌の作者としてその文学的経歴を開始した柳田が、そうした「文学」や、盟友の作家や詩人たちと別れ、後に、戦中戦後の時期、俳諧に関心を寄せることとなる。「文学的」なものへの批判、あるいは拒否ということまで表明した柳田にとって、俳諧は文学である以上に、彼の考える学問、日本人の生活の中にその考えを探る為の題材となりうるものと考えられていたのだ。

最後になるが、後年、「海上の道」で、南方への憧憬の色濃い仕事をした柳田が、他方でこの「雪国の春」に見られる北方への愛着を示していることを忘れてはならない。ただし、それは南から来て、北に行った人達に対してのことであり、もっと北から来て、北に住んでいたアイヌなどのことは、やはり無視されている。しかし、まずは次の文章を読んで、彼の雪国、都から遠い北の地方の人々がはぐくんだ風物への愛情と、それに対する彼独特の愛着をもう一度たしかめておきたい。「例えば奥羽の処々の田舎では、碧く輝いた大空の下に、風は軟かく水の流れは音高く、家にはじっとして居られぬような日が少し続くと、ありとあらゆる庭の木が一斉に花を開き、其花盛りが一どきに押寄せて来る。春の労作はこの快い天地の中で始まる……」

キー・テキスト

是からの国語教育

言葉の問題は国と政治につながる。この文章は、柳田が一九四六年一一月に行った講演に基づいているが、戦前の日本の政治と社会に対する反省と、戦後の日本への提言と期待が書かれた、社会論である。「伝承の二様式」にある、書くことと・読むことと、話すこと・聞くこと、との協同が、これまでの国語教育にはなかった。それを今後、重点的に行わなければ、民主主義はおぼつかないものとなる、と訴える。『標準語と方言』（一九四九）所収。

たった一言でこの七十年間の経過を批評するならば、理解の国語教育のみは著しく進んだ。或は寧ろ進み過ぎて居る。之に反して表現の国語教育は、今はまだちっとも行われて居ない。と私は見て居るのである。この二つのものの重要性は、もとは五分五分どころか、九と一との割合であってもよい時代があった。黙って合点合点してくれる国民は、或は理想の国民であった昔も有る。しかし今日は普通選挙は徹底し、本は読まずに居られる生活があっても、思ったことを言わずにすますことはもう出来なくなった。もしも表現ということを思慮の構成、即ち思い言葉、腹で使って居る言葉にまで推し及ぼすならば、是は殆ど言語生活の大半を占むるものである。是を棄てて置くということは教育機関としての大きな怠慢と言わねばならぬ。

以前は学校以外の方法が、或程度までは備わって居た。今日はそれが又衰えて居る。学校より他には之を導く手段が無いのである。それにも拘らず、最近の国語運動なるもののの主流は、まだ依然として解釈学の手先であり、どうか読みやすく書いてくれ、覚えやすい字を使ってくれという方に力を入れ、個々の語るべき人、書くべき人の為には考えようとして居ない。仮に読方聴取力の大切さは、今日に於て更に加わったとしても、それを理由として人を啞にして置いてよいということは言えない。そう思って居たのでないとすれば、又一段と不手際な話である。

以前は学校以外の……衰えて居る。
柳田はこのテキストで「七十年」という語を二回用いているが、明治維新以来の七〇年の間に、次第に学校以外の、つまり家庭や世間での「国語教育」が衰えた、と言っている。驚きである。私たちは、いま「戦前まではそうした家庭や世間における言葉の教育が行われていたが、戦後は……」というのを常套句としているが、この戦後五十五年、それ以前からの衰えはさらに深く進行中、ということのようだ。

啞という言葉は決して誇張でない、実際少しも物の言えない者を、幾らでもこしらえて居るのである。話術と文章道は零落したと言おうよりも、寧ろ始めから国民の八十%には、与えようとしなかったのである。言葉を口から外へ出すのは勇気の問題であろうが、その勇気を鈍らせることは、国語教育が手伝をして居る。それだけならばまだ辛抱も出来るかも知らぬが、それがなお一歩奥に進んで、是では心の中の考え又は感じを結んで言葉にする能力を、抑圧するのではないかとさえ私は心配する。斯んな事をして置けば、民主主義などは型ばかりで、事実は首領政治・煽動政治になるのも已むを得ない。だから昔から飛んでも無い方角へ、片よってばかり居たのだとも言い得る。

過去七十年の普通教育が、結局は今日の六つかしい文章を普通にし、それを判りやすく学びやすくする為に、又大きな運動を起す必要を生じたということは、其事自身が国語教育のこの方面には全く無能だったことを表白して居る。今度の大戦争には多数の青年壮年が家郷を離れ、平生手紙を書かぬ人たちも大分書いたが、其手紙にはきまった型のものしか無く、個性などは少しも出て居なかった。集めて残して置こうとした人たちもすぐに中止してしまった。決して検閲の厳しかった為ばかりでない。教えてもらわなければどう書いてよいかを知らなかった者が多いのである。そうして一方には広告などは少しもしないで、戦時用文章という類の手紙文範が物すごく売れて居たのである。国内の手紙の型というものがきまってしまった。私も孫や其年頃の学校児童から、随分沢山の手紙を受取るが、何べん来ても皆同じもの、兵隊さんへの慰問文なども、変化は恐らくは氏名だけであったろう。ちょうど自分等の小学校で、記事文といえば、この日天気晴朗、もしくは紙と木とにて造りと書いたのも皆同じことで、それは平凡以下の愚かしいことであった。全国の国語能力は斯んな段階に於て均一し且つ永続して居る。一体どうするつもりなのかと私は言いたい。

私も孫や其年頃……皆同じもの
ここで柳田は、戦争中の兵隊と子供の間に取り交わされた慰問の手紙とその返事文から話を始めて、子供たちの書く手紙の紋切り型について述べる。これを、現在はだいぶ改良された、と見るのは間違いである。実は筆者も、小学校高学年の「感想文」を多数読む機会があるのだが、紋切り型が甚だしい。もっと驚くのは、そうした子供の「お弁当が美味しかった」、「蛍がきれいだった」といったたぐいの文章に、「子供らしい」という感想を持つ人が多数居ることである。子供が定型としての子供を演じさせられていることを、演じさせている大人が気がつかない。

後世から見ても、又他国から見ても、文章は国の文化を測定せしめる主要なる尺度である。それが今日の如く一部は生硬晦渋、他の大部分は千篇一律、殆と国語に活きて居るとは言われない姿を示すのは、反省して見なければならない。学者の文章の六つかしいのは、もとは或は読者層の限定、是が判る位の人でなければ、読んでもらわずとよろしいという高い矜りから来て居たかもしれない。少なくともそういう風に推測して、志のある若者たちは、刻苦してその六つかしいものを理解しようとした。明治初年の多くの翻訳書などには、誤訳はあり文法のまちがいは算え切れないにも拘らず、ただそれだけを精読して、えらくなった人は幾らもあった。其習慣が今もなお残って、或は書く人に余分の自由を与えたのみか、時としてはわざと難解の辞句を弄して、平凡を粉飾せんとする者をさえ生じたのである。もちろん其様な魯かしい時代はやがて過ぎ去り、今日の文士の文章がそうであるように、少しでも多くの読者を把える目途から、出来るだけ平易に又感銘深く、表現しようとする者が出来ることと思うが、それを促進する一つの条件としては、やはり今ある尋常の読者の中に、判らぬものを判らぬといい切る勇気、あなたの文章は六つかし過ぎると、面と向かってでも言うことの出来る自信を、養成する必要があるのである。

この勇気と自信とを、或は国語教育の管轄の外である如く、思って居る人はまだあるかも知らぬが、言葉は心の中に在るものを外に移し、しかも相手の心に届くことを要件とするものだということを教えてもらってさえ居れば、この様な卑屈な曲従を忍ぶには及ばなかったのである。それを怠ったが為に、小賢しい者が、中味をよくも考えずに形ばかりを摸倣して、心にも無いことを書くようになるのである。速かに教育の方法を改めて、正しい表現の技術を授与しなければ残酷である。言文一致ということはわかり切った話だが、ただ句の終りを、である・でありますにすることでは無い。名は口語体と称して、ついぞ口語では聴いたことも無い文章を書くのは約束違反であり、その不一致

言文一致という……ことでは無い
筆者はあるシリーズで四冊の書物を編集したとき、執筆者に「です、ます」調で書いてもらったことがある。

の責は主として文の方に在ると言ってよいが、又一つには口言葉が、現在は非常に衰えても居るのである。口で毎日言う通りを書取ったのでは、実は読むに堪えないから、文章が避けようとするのである。其まま文章に書き表わしても判るような物の言い方を、一人一人に先ず教えなければならない。三人や五人の慧敏なる児童、たまたま勘どころを捉えてすぐに自分の言葉にし得るような者の書いたものを取囃して、全学級の誇りとするという態度を続けて居ては、ちょうど名士の出身を看板にするようなもので、世の中からはちっとも御礼を言わない。多数の通常の子はやはり口真似をし、手紙文範と首引をしなければならぬ。我々の問題とすべきは全体であり、少なくとも大多数である。しかも今ある教え方が続く限り、彼等は表現の方面ではまず無教育のままで、世の中に出て行く結果になるだろう、と言っても言い過ぎではないと私は思う。

表現の国語教育は、どうしても話方から始めなければなるまい。話すのと同じ心持を以て筆を執り、一方には又話すのと同じ用語によって、思惟することを教えなければならぬからである。この二つの階段に於て翻訳をする必要があるようでは、正直な子供ほど口数が少なく、筆が鈍くなることを免れ難いであろう。この意味に於て今までの標準語普及法には弱点があった。新らしい言葉が話主の腹の中に於て、用いられて居るかどうかを突留めようとしなかったからである。空々しくともよいから是非口真似をせよと勧めたからである。曾て東北の端々の小学校の教員たちが、方言文章を主張した動機については、いつまでも私は同情がもてる。今までは口に発する場合ばかり、斯ういうものだと教えるのだから、言わば摸倣の強制であって、この位たよりないものは実はなかったのである。斯ういうものの役に立つのは儀式のときだけ、又は前々から支度の出来る表現だけで、この分は全国を統一するのもさして難事ではあるまいが、ただそれでは一生の実際問題は、大抵は処理することが出来なかったろう。

これはたんに、「である」を「であります」に変換することとは違う。「です、ます」で書いていると、想定される読者が近くにいる気持になる。いわば対面的に説明する気分となり、文章の論理の運びが丁寧になるのである。「です、ます」調の「調」とは、字面ではなく、書き手と読者の関係を指す。

柳田国男への
最短アクセス

ことばはからだから発せられ、発せられたことばはからだで責任をとる

国語は国家の存亡に関わる

この文章は一九四六年に行われた講演である。これが日本国の敗戦直後のものであることには大いに意味がある。ここに語られていることは国語にとどまらず、国家に関わるからだ。

柳田は、敗戦と同時、いや、その数日前に「時局の迫れる話」を聞いたとき（八月一一日）から、多くの日本人たちが失意、放心の内にあったのとは正反対に、「いよいよ働かねばならぬ世になりぬ」と、決意を固める。それまでの日々を読書と俳諧の評釈的、精力的に取り組む。日本の再建に意識に費やしていたのが、にわかに実践者として動き出すのだ。柳田は、元々、世の中の問題が片づいでしまったら学問はなくてもよい、というはっきりとした立場をとる人だから、実践無くして学問も無い。

その実践は、国家再建という大きな課題を目的とする。彼の持つ国家イメージがどのようなものであるか、といったことは、「海上の道」の章でも触れるが、そのイメージされる国家の中身に、ことばは大きな位置を占めていた。彼は、これまでこの列島に生み出されてきたことばの豊かさを、そのままに受け継いでさらに付け加え伸ばしていくことが、日本人の生活にうるおいと幸せをもたらす、と考えていた。しかし、そうした言葉の能力を持たぬことは、個人の幸福や文化の問題にとどまらず、より高い次元では日本という国家の敗戦にもつながるのだ、と思い至る。その反省に立つと、新たに生み出されようとしている日本の民主主義にとって、「心の中の考え又は感じを結んで言葉にする」ことは何よりも重要なこととなる。つまり、ことばで表現する能力無くして民主主義はあり得ない。国語の教育は国家の存亡に関わるのだ。

ことばは肉体表現に始まる

柳田は敗戦までの七十年の教育を批判して、理解の国語教育は進みすぎるほど行われたが、表現の国語教育が全くだめだった、と強い調子で言い切る。読む、聞く、は出来ても、書く、話すがだめであった、と。そのことが、ただおとなしく従うことばかりで、自分の考えを表現することが出来ない「少しも物の言えない者」を作ってきた、とまで弾劾する。

そして、それを打破するための「表現の国語教育は、どうしても話方から始めなければなるまい」と述べる。(補足しておくと、この文章の「国語」とは「ことば」と置き換えてもよいもので、それが「日本語」と書かれていないことは、ここでは問題ではない。)

この文章が、そしてこれを私たちが読むことが、今も意味を持つのはこうしたことがいまに至るまで変わらないから、いや、むしろひどくなっているからだ。私は大学の友人と語らって、大学生の基礎的な能力を付けるための教科書を編集したことがある。その時の認識と発想は全く柳田と同じだった。大学に入ってきた者の、話し、書き、がおぼつかなくなっている。柳田がこう書き、そののち半世紀も経つのに、今でも教室で何か議論をしようとすると、大学一年生にとって意見を言うことなど、まるで奇矯な行為、あるいは少数者の特権であるかのようだ。では、柳田がそこから始めなければならない、とする「話し方」はどうやって身につけるのか。私の考えははっきりしている。まずは、「発声」であろう。

英国での留学の最初、驚いたことの一つが、論文を「読む」という方式、であった。博士課程の大学院生に授業はただ一つしかない。それは「Writing-up Seminar」といって、毎週一人が、博士論文の一部を書いてきて、「読む」のである。日本だと普通は、セミナーや研究会の発表は、簡単なレジュメを作ってきて、参会者に配り、発表者は自由な形で、「えーと」などと、言いながら「説明」するのである。しかし、英国では日本語であったら六、七〇枚の原稿を、一時間で一気に読むのだ。読む方も肉体労働として、頭脳の労働としてきついのであるが、聞く方も、複雑な論理的文章を耳だけで理解するのであるから、同様にきびしい。両者の格闘である。

ここには話し方の、ひいては表現というものの原理が見られる。まず第一に、ことばによる表現とは肉体をつかった運動であること。人類はことばを、空気の振動を使って送り合う信号、として生みだした。道具なしで、声帯を震わせて、聞く者の耳に音声を届かせる。早さ、リズム、強調、すべては論理と助け合いながら一つの思考を出現させる。その言葉のリズムが書かれた文章のリズム、文体に通ずることは「北国の春」でも述べた。活字になったものを黙読するだけではそれが見えない。ゴチックやカッコでくくることがそれに当たろうが、声の持つ強さも繊細さもそこにはない。そうしたものが声で表現されることで、私たちは信頼と共に、人に説得される。

言葉による表現の基本動作、この「発声」抜きに表現の国語教育はないだろう。それをしっかり身につけることで私たちは人前で話す自信を持つことが出来るし、書く文章にリズムが出る。具体的には朗読だ。英国で科学者が朗々と科学論文を読み上げるのを聞いて、ことばの核にある肉体性を知った。朗読による発声と発音の練習、それは外国語を学ぶときだけではなく、自国語を習うときにも必要なのだ。

むろん、声のもたらす効果は、扇動的な演説家のそれのように、私たちの理解を幻惑することがある。活字の文章が書き手の肉体性を排除したことには、そうした声や身振り、果ては涙など、夾雑物が私たちの理解を惑わす危険を取り除いてくれる側面がある。しかし、そうした目くらましを見抜く力を持つことを前提とし、生身の肉体で意見を言うことによって、個人の「責任」が成立する。ただ、そうした発言を行うことには勇気が要る。

勇気

この柳田の文章の中で「判らぬものを判らぬといい切る勇気」という字句は印象的である。彼は続けて、「この勇気と自信とを、或は国語教育の管轄の外である如く、思って居る人はまだあるかも知らぬが」そうではない、という。

実際に大学で教育をしていて、一番難しいのは、やる気と勇気を持たせることである。これは私自身だって、そうなのだ。やる気と勇気は始終無くなる。やる気を出すためには、何かをすると面白い、という満足感を持つことが始まりなのだが、そのためには、何かを始めるための第一歩を踏み出す勇気が必要だ。その勇気を持つことが難しいのは、勇気を持つことが危険だから、又は、勇気を持たないことの方が自分に有利だからだ。満座の中で意見を言うことは、間違えて恥をかくかも知れないし、敵を作るかも知れない。そうした危険、いいかえれば自分に「責任」がかかってくるようなことは回避しようとするのは当然といえる。

その恐れを克服して、「心の中の考え又は感じを結んで言葉にする」ためには、第一に発声練習が必要だ、とはすでに述べた。そのためには朗読。そして他人の朗読を聞くことも、良い文章を書くのにたいへん効果がある。第二の問題は、もっと大きなことで、「人生観」に属する。言わずに腹ふくれたまま死んでいくか否か、である。人前で発言するようなことを思いつくかどうかは思考訓練の問題で、教えられるし、習うことが出来る。これは今の教育でも行われているのでひとまずよしとする。そこで、自分の考えを述べた方が面白いと思うかどうか、であるが、このことは同時に、人のいろいろな意見を聞いた方が面白い、と思うことでもある。話す方も聞く方も、いろいろな考えが出てくるのを楽しむ、そんな雰囲気が社会にあって初めて、意見は出てくる。そうだとすると、勇気の問題は柳田が言うように学校で考えなければならない問題ではあるが、同時に外の社会の問題でもある。学校の内と外が関係し合って、変わっていくのであって、どちらかがこれまで通りだと、片方がいくらがんばっても難しい。

ひとまず、ここでは、「国語教育」を行う、学校の側で出来ることを考えよう。ことばの表現とは肉体表現だ、と説明した。そうであるからには、肉体の位置や発言する場所が、恐怖を起こさせないようなものであることが望ましい。人間の目は前に付いているので、後ろは怖い。印刷物でも、インターネットでも、書き手と読み手は遠く離れて、場所も時間も通常は共にしない関係だが、対話する話し手と聞き手は現実の場面で、すぐ近くにいる。たとえば教室で手を挙げて立って発言する、などというのは一番身の危険を感じる、やりにくいシチュエーションだ。背中に視線を感じ、誰かが後ろの席で笑っているかも知れないと想像して、落ち着かない。教室でも十数人で話をするときは、丸い輪になって、互いの顔が見える位置関係を取るべきだ。そうした配慮から始めなければ、ディスカッションなど出来ない。「国語」の教室の形も扇型くらいがよいのだが。

もう一つ重要なのは、間違える勇気だ。間違えてもよい、というのではなく、違っていてこそよい、ということだ。人と違わなければ言い出す必要もないので、違い自体に価値があるのだ。もちろん勘違い、聞き違いは別だ。こんなこと言い出すと人は変に思うかも知れない、という、「人が変に思うこと」を言うべきなのである。それが逆に日本では、意見を言おうとすると、まずやることは、自分が何を考えているか、ではなく、「人が考えているのは何か」を探ることである。人が考えそうなことを推量して、その、人が考えていることを発言し、自分の考えは言わない、という全く奇妙なことが起きる。

とはいえ、人と違ったことを言って孤立したら、と不安に思うのは当然だ。むしろこう考えたらどうだろう。人と違うことを言おうとしても実は誰かが考えていることだったりする、と。私自身の体験から言えば、どんなセミナーや研究会などで、「独自」の意見を言ったつもりでも、誰かが、「実は僕もそう考えていまして」とフォローするものなのだ。それは、自分の考えがさほどユニークではない、という点で残念なことだが、正直のところほっとすることでもある。だから現実的な忠告としては、残念ながら誰かは自分と同じことを既に思いついているのだ、と考えて意見を言う、ということだろう。そうして言ってみると、それはそれで、案外、誰とも違う意見だったりする。これならばことさら恐ろしくない。勇気は必要だが、一番良いのは勇気なしにも発言出来ることだ。

コラム　柳田史談・衣食住

柳田は生涯を通して着物派でした。勤め人をやめてから、家で執筆することが仕事となってからはおそらくほとんど着物だったのではないでしょうか。『定本柳田国男集』に載っている写真もほとんどは着物です。写真は、さすがに明治生まれで、それぞれに着物がはまっている。着ているものも悪くなさそうです。

　定本に載っている写真を見ていて、いくつかのことに気づきます。元々、本ばかり読んでいて、蒲柳の質というべき体格の人で、旧制高校の時、鉄棒はぶら下がっているだけだったそうですから、良く言えばスマート、悪くいえば貧弱。そういう人にありがちのことですが、おしゃれだったと見受けられます。若い頃から写真映りを気にしながら撮られていますが、次第に、そのことにも馴れてきたと見えます。着物以外でも、パリでの写真のネクタイとチョッキには工夫が感じられます。そして、大正四年の大嘗祭の時の衣冠に威儀を正した姿は、美丈夫といってよいものです。

　いつの頃からか、口髭を小綺麗に蓄えていて、それは生涯変わりません。それから、帽子をかぶっている姿が多い。これは時代でしょうか。そして、ステッキ、足下は白足袋。最晩年まで、それぞれの年齢にふさわしい姿をしていて、数人、または大勢で写真を撮られていても、柳田が常に一番風采がよいのです。

「衣」の次に柳田の食を考えたいのですが、よく分からない。美食家、といった評言がないところを見ると、ことさら美味を求めるようなことはなかったようです。それは読書好き、性的なるものへの潔癖性といった彼の他の特質と符合するような気がします。ただ、餅好きは知られていたようで、何日も続けて餅を食べて飽きなかった、ということです。柳田の、「日本民俗学の……」といったキャッチフレーズと餅好きがぴったりで、笑ってしまいます。カマンベールとワインが好み、では困ります。

「住」については、柳田のお決まりの文句、「日本一小さな家」に生まれた、というのがあります。小ささはさることながら、その中の人間関係の複雑さに比して、家の心理的空間が小さかった、とのことのようです。その後もさまざまな家に移り住んだのですが、一九二七年、東京郊外の成城に、自分の気に入った家を立ち上げたことは柳田生涯の快事だったのではないでしょうか。それは二階建ての木造洋館で、その名も「喜談書屋」。ある表現によれば、「ほとんど図書館に宿泊施設を付けたような風変わりな建物であった」とのこと。そこに柳田は、妻と娘三人を本宅に残して、息子為正と後の民族学者岡正雄、それにもう一人の青年、総計四人の男所帯を始めるのです。

　世相が移り変わっても、柳田の生活空間は、自律的な発展を遂げていたようです。華美ではないが、気に入った、センスと質のよい衣服をまとい、膨大な資料と書籍に囲まれて、研究、執筆に時間を傾注する。これは西洋の修道院の学僧を思い起こさせます。そこから世相に目を凝らす柳田。うらやましい人生です。

第Ⅳ章

日本を新たにする 国家からヒューマニズムまで

ログオン

キー・テキスト

海上の道

農業政策

人間哀愁の日

長兄の境涯、弟達のこと

柳田には、学問のための学問という考えはなかった。現実に解決すべき問題があってこそ学問は必要なのであり、そうした問題が解決した暁には学問など無くても良い、とすら言うのだ。しかし、人間にとっての難問や苦境はこれまでも絶えたことはないし、また近い将来もなくなりそうにない。この世界には、個人から国家のレベルまで実にさまざまの不幸や判断の付かない事態が次々と起きる。では、そういった中で柳田は彼の学問にとって、何を一番大きな問題と考えていたのだろうか。

柳田が生涯を通じて心にかけていたのは日本人の日常の生活の幸せであり、それをおびやかす障害を取り除くことであった。ことに幼いときに見聞きした飢饉の光景は彼の心に長くとどまって、彼の判断と行為の核となっていた。食べる、飢える、といった具体的な、そして、私たちの生活の底をなすもの、そこから思いを発して彼の仕事は行われた。

ではどうやって？　それは書くことによって、であったのはもちろんのことだが、彼は、孤高の芸術家、一匹狼の物書き、世俗から離れた研究者、としてはものを書かなかった。むしろ、農務官僚として、朝日新聞社の論説委員として、そして、後には雑誌の編集者、学問集団の統率者として、組織の中で、集団の中で仕事をした。気質としては幼いころからの読書好きや、その、人との交わりの仕方に見られたように、外界から少し距離を取ろうとする傾向があるのだが、こと仕事に関しては、組織や集団の中で、その強みを利することで、自分の仕事を最大限有効にしようというプラグマティストの感覚が発揮された。

ここに柳田の評価に関わる重要なポイントがある。

彼は一方では、心の優しい、時に精神的なトリップをしてしまうような心性の持主で、既存の学問ではかえりみられなかった、民衆の考えや生活のなかに、学ぶべきもの、伸ばして行くべきものがあると考えた。その点で、反アカデミズムのリーダーであった。しかし、他方では、一高、帝大から官僚となり、日韓併合や大正天皇即位の仕事に携わった、国家エリートであって、その生活態度も、「民衆の側に立った」というお決まりのことばから引き出される、庶民的とか、身分上下の分け隔てない、といった形容からは程遠かった。

ヒューマニストにして国家主義者、といえば定型に過ぎるだろうが、柳田への評価、印象の持ち方には、このような、日本の近代の中の、権力対反権力という単純な二項図式から外れるところがあって、そこが、彼の人気が熱っぽくならないことに関係している。たとえば、南方熊楠《みなかたくまぐす》という人は、野人にして破天荒。天皇に粘菌のサンプルを見せるとき、マッチ箱に入れて持参するといった、それが反権力であるかどうかは別として、二項図式にはわかりやすくおさまる。

柳田にこうしたどっちつかずの矛盾をもたらした要素は、「出世」と「西欧」であった。民衆の出である彼が民衆の生活の幸福を計ろうとして、力を蓄えるべく出世すると、彼自身は民衆から離れてしまう。また、西欧近代の強い影響下の制度の中でエリートとなった彼が、日本を見出そうと西欧の方法論を取り入れ、また、現在進行している生活の激変について、西欧の影響によって解析を施そうとすると、彼は日本の広く深い実体、民俗、から離れてしまうのであった。こうしたことは明治に生まれた若き日本のエリートのすべてに起きたことである。ほとんど全ては、どちらかを選択した。しかし彼は、民衆から離れようとしなかったし、西欧の枠組みだけで日本を捉えるという試みが、いずれは日本を真に理解することに至らない、ということを知っていたから、いずれとも決めず、その間で、自分の人生自体の「調停」を計った。

その調停はどちらの陣営にも組み込まれないよう、巧緻を極めていた。同じように官職をなげうって朝日新聞に雇われた夏目漱石は、その後、反権力的なふるまいとスタンスを取り続けたが、柳田の場合はそれと違って、その後も官界や日本の指導層とのパイプを絶やすことはなかった。また在野の独学者として活動しながらも、牧野富太郎や鳥居龍蔵のように、帝国大学の制度の中で、学歴の無さに苦しむのではなく、輝かしい学歴、経歴であるからこそ、そこから離れていられる立場を保持した。

この第Ⅳ章にあるテキスト群は、こうした柳田の、矛盾の調停による実践をよく表している。

キー・テキスト

海上の道

柳田は満年齢で八七歳の長寿を全うした人だが、その思索家、書き手としての経歴も六〇年を越す。死の前年に出された『海上の道』は生前の最後の出版物であったが、同時に、彼の思索の最後の到達点であった。その詳しい内容については、この短いテキストでは意を尽くさないが、その出発点と方向性は明らかである。ここに至った最後の柳田は、明るく澄んでいる。『遠野物語』と『海上の道』の振れ幅の中に柳田国男はいる。

途方も無く古い話だが、私は明治三十年の夏、まだ大学の二年生の休みに、三河の伊良湖崎の突端に一月余り遊んで居て、この所謂あゆの風の経験をしたことがある。この村は其後ほど無く、陸軍の大砲実験場に取上げられて、東の外海の海岸に移されてしまったが、もとは伊勢湾の入口に面して、神宮との因縁も深く、昔なつかしい形勝の地であった。村の中央には明神さまの御社と清い泉とがあって村の人の渇仰を集め、それに養われたと言われる無筆の歌人、漁夫磯丸の旧宅と石の祠とは、ちょうど私の本を読む窓と相対して居た。毎朝早天の日課には、村を南へ出て僅かな砂丘を横ぎり、岬のとっさきの小山という魚附林を一周して来ることにして居たが、そこにはさまざまの寄物の、立ち止まってじっと見ずには居られぬものが多かった。船具や船の破片にはたまたま文字の痕があって、遠い海上の悲しみを伝うるものがあり、一方には又名も知らぬ色々の貝類をゆり上げて、「その玉もてこ」と詠じた昔の歌の風情を、想い起さしむる場合もあった。

今でも明らかに記憶するのは、この小山の裾を東へまわって、東おもての小松原の外に、舟の出入りにはあまり使われない四五町ほどの砂浜が、東やや南に面して開けて居

あゆの風
北ないし、東の風、と辞書にあるこの風を、柳田はこのテキストの前の部分で、海から海岸に向かって吹く風で、舟を港に運び入れると共に、さまざまな好ましいものを渚に吹き寄せる風、と説明している。

魚附林
陰を作り魚を誘い込むために植えられた黒松などの林。

たが、そこには風のやや強かった次の朝などに、椰子の実の流れ寄って居たのを、三度まで見たことがある。一度は割れて真白な果肉の露われ居るもの、他の二つは皮に包まれたもので、どの辺の沖の小島から海に泛んだものかは今でも判らぬが、ともかくも遥かな波路を越えてまだ新らしい姿で斯んな浜辺まで、渡って来て居ることが私には大きな驚きであった。

この話を東京に還って来て、島崎藤村君にしたことが私にはよい記念である。今でも多くの若い人たちに愛誦せられて居る椰子の実の歌というのは、多分は同じ年のうちの製作であり、あれを貰いましたよと、自分でも言われたことがある。

そを取りて胸に当つれば
新たなり流離の愁い

という章句などは、固より私の挙動でも感懐でも無かった上に、海の日の沈むを見れば云々の句を見ても、或は詩人は今すこし西の方の、寂しい磯ばたに持って行きたいと思われたのかもしれないが、ともかくもこの偶然の遭遇によって、些々たる私の見聞も亦不朽のものになった。伊勢が常世の波の重波《しきなみ》寄する国であったことは、すでに最古の記録にも掲げられて居るが、それを実証し得た幾つかの事実の中に、椰子の実も亦一つとして算えられたことを、説き得る者はまだ無かったのである。土地にはもちろん是を知って居る人が、昔も今も多かったにちがいないが、それを一国文化の問題とするには綜合を要し、又は或一人のすぐれた詩人を要したのである。

椰子の実の流れ着くという浜辺は多かった筈であるが、是が島崎氏のいうような遊子によって、取上げられる場合が少なかったかと思われる。昔はこの物を酒杯に造って、珍重する風習があり、それも大陸から伝わって来た様に、多くの物知りには考えられて居た。倭名鈔の海髑子の条などは、明らかに書巻の知識であって、もし酒中に毒あると

島崎藤村君
一八九三年に創刊された文学雑誌『文学界』に柳田は、一八九五年から九八年の終刊まで、主として新体詩を寄稿した。その活動の中で、島崎藤村、田山花袋、平田禿木、上田敏らと知り合った。

一国文化の問題……詩人を要した
後半の「詩人」はもちろん島崎藤村であるが、前半の「綜合」は、柳田自身の仕事、もしくは「民俗学」だけを指しているのではない。「海上の道」の冒頭に書かれている、「九学会連合」のことを指す。それは、民俗学や民族学などの九つの学会が連合して、日本文化・社会に関する問題を、年毎に、統一のテーマに関して、総合的な研究を行ったものである。このテキストはその第六回九学会連合大会において行われた講演である。

倭名鈔
一〇世紀に作られた日本最初の漢和辞典。

きは、自ら割れ砕けて人を警戒するとあり、まだどういう樹の果実なりとも知らず、何か海中の産物の如くにも想像せられて居たようであるが、なお夜之《やし》という単語だけは、すでに和名として帰化して居る。京人の知識は昔も今の如く、寧ろ文字を媒として外国の文化に親しみ、久しく眼前の事実を看過して、ただ徒らに遠来の記録の、必ずしも正確豊富で無いものを捜索して居たことは、独り椰子の実だけの経験では無かった。此頃やっとその習癖に気が付いたと、言いたいところだが、それもまだ少し怪しい。

日本の海端に、ココ椰子の実が流れ着くということは、決して千年ばかりの新らしい歴史では無かった筈であるが、書物で海外の知識を学び取ろうとした者は、却って永い間それを知らずに居た。そうして一方には現実にその経験をもった人々には、今までそれを談り合い、又考えて見るような機会が、極端に少なかったのである。或はその為に私などの場合のように、一つ二つの見聞ばかりがあまりにも騒ぎ立てられて、結局は綜合の利益が収められずに居たのであろう。魚の尾や小鳥の足にも番号をはめて、放して見るような世の中になったのだから、今に僅かな比較と推理とによって、何かが教えられる時が来ることと思って居る。かつて九州の南部の田舎を、あるいて見た時にも私は気がついた。それから注意して友だちにも尋ねて見たが、あの方面には椰子の実で作った酒器を持伝えて居る家々は少ない数では無い。支那の旧書に見えるような、盃の話はあまり聴かないが、大抵は例の焼酎入れ、又は小さな酒徳利の携帯用のもの、時としては腰下げの煙草入れなどもあって、必ずしも十襲珍蔵というほどでは無くとも、物が堅固なだけに重代の品が多く、従ってどうして手に入れたか、どこの海岸へ漂着したものかを、今となっては尋ね知ることが難い。ただ或程度までは現在の分布によって、比較的どの方面に其事例が多かったかを、推測することが許される迄であろう。

十襲 什襲。何十にも重ね包んでしまうこと。

今日謂う所の西南諸島には、算えては見ないが少なくとも話は多く、且つやや普通化平凡化して居る。沖縄の本島などでは、土地でも手に入る場合があろうのに、更に商品として八重山方面から、いわゆる椰子小《やしぐわ》の輸送せられたものが、幾らも店先で売られて居たという話も聴いた。しかも自分の知る限りでは、先島諸島にもココ椰子の結実する土地は無いのだから、言わば漂着の数が北の隣より多かったということなのである。距離の大小は漂着とは交渉が無いともいえるが、やはり最初の陸地を乗り越えて、もっと遠くへ行こうとはしないだけに、原地に近いほど多かったということになるので、その反面に本州は更に少なく、従って是を珍重し又問題とする人情も、一段と濃厚であったと言えるのであろう。

ともかくも此植物が東方列島の風土にふさわず、一度も芽を吹き親木を成長せしめ得なかったということが、埋もれたる海上の道を探る上に、好箇の手掛りを供与する。古記に檳榔の字を以て誤記せられたコバという暖地植物などは、古くは瀬戸内海の各地にあったと伝え、今も現に紀州の一端とか、朝鮮東南岸の島々にまで生育する例が多く、曾て私は是を鳥類の運搬に托せんとしたこともあったが、今は略その誤りに心付いて居る。広い意味では是も天然の分布であろうが、曾て海上を漂到した無数の種子の中から、たまたま環境に適した僅かな個体だけが、芽を吹き大木となった例はガジマル、又アコウという樹などにもあり、又は埋立新田の潮除堤の上に忽ち繁茂して行くトキハという一種の大な萱なども、其名称から考えて見て、やはり遥かなる海の彼方から、新たに渡って来た種なることがわかる。即ち独りこの一種の椰子の実だけが、久しきを経て終に移住に成功し得なかったのである。

柳田国男への

最短アクセス

晩年の柳田が見た海上の道

人生の円環

この「海上の道」という文章は、一九五二年に行われた講演の記録である。それを収録して、柳田の生前、最後の著作といってよい同名の『海上の道』が、彼の死の前年に出版された。ここに書かれた考え、方向性は、ほとんど彼の到達した最後の構想、といってよい。すなわち、日本とは南から来た人々によってこの列島に作られた国である、という。

もちろんこれは当たり前のことでも、実証的に正しいと証明されたことでもない。民族学的に言っても、「日本」や「日本人」の成立は、「北」のシベリアや、「西」の中国大陸からの要素をふくんだ、もっと多元的で複雑なものだと考えられるし、歴史的にも、あとで述べるように、日本というもののとらえ方は、これだけではない。しかし、これが、柳田が生涯かけて、ぐるっと経巡って収斂し到達した、一つの地点である。そして、この日本の成立に関する考え方は、一人の研究者、思想家が提出した仮説、というにとどまらず、こうした日本を作ろう、という未来に向けての構想でもあった。(この本の、他の文章を読もうとする読者には、それらは日本列島の社会成立論として読むと、議論の賞味期限は既に過ぎていることを忠告するが、そこにある個々のアイディア、たとえば「鼠の浄土」、「人とズズダマ」に見られる卓抜な関連づけはわくわくするほど面白いので、ぜひ、読むことをすすめたい。)

誰でもそうなのだが、ことに柳田の著作は柳田個人の人生の動機や意志や目的といったものに強く結びついている。「日本を新たにする」で書いたように、彼の生涯の目標は「日本人の日常の生活の幸せであり、それをおびやかす障害を取り除くことであった。」同じところでふれた南方熊楠の、十二支や粘菌の研究に注いだ情熱のなかには知的な好奇心といった要素が優勢であったが、柳田の場合は、かなりそうした好奇心を、目的を持った意志によって鍛え直しているところがある。一八九八年、柳田は伊良湖崎に遊んで、椰子の実を見つける。それを聞いた島崎藤村が一編の詩を作ったのに対し、柳田は次第に詩歌とは別れ、その後、五十年以上の年月の後に、再び、その体験の意味を詩歌ではなく、学問の「総合」の中に取り込んで、論じる。人生を振り返る地点から、過去の体験を今の自分につながるように思い出し意味づけるのは、誰もがやることだろう。しかし、この柳田の場合には、藤村という一級の詩人と、双曲線を描くように離れていった彼の軌跡が再びその地点に戻って学問という楕円の総合を描いている、という面白さとみごとさがある。

その五十年の楕円の中に詰まっているものは、本書の目次を見れば分かるように、豊富でかつ複雑である。しかしそこには明らかな方向性が見て取れる。そしてそれは彼が到達した日本像に至る道のりでもあるのだ。

山から海へ、北から南へ、外から内へ

柳田は旅行好きであった。役人のあいだも、新聞社時代も、新婚時代ですら、旅行しまくっている。その行く先だが、ずっと追っていくと、時間の流れに沿って、三つの方向性が見えてくる。北から南へ、山から海へ、そして外から内へ。これが彼の最後の日本イメージを作っている、というのが私の考えだ。

まず、二十代から三十代にかけては、「木曾より五箇山へ」にも見られるように山の中の旅が多い。九州の山地の旅（一九〇八）からは『後狩詞記』、東北の内陸部への旅（一九〇九）からは『遠野物語』、という初期の柳田の仕事を代表する著作が生まれた。『山の人生』の文章が書かれたのは四〇年半ばから五〇にかけてであった。それが、一九二〇年、四五歳になって始めて、南の沖縄に出かけて行ってから、海岸や島の方に関心は深まったようで、その成果の一つである『島の人生』は一九五一年に出される。

この過程はまた、北から南という方向の変化もふくんでいる。やはり若い頃（一九〇六年）に北の、北海道、樺太に行っているが、その後は訪れず、あまりふれることもなく、アイヌへの関心は、日本列島のもう一つの端である沖縄と比べると、驚くほど低く冷たい。

変化のターニングポイントは、一九一七年から、一九二三年あたりにある。ちょうど年齢も四十代の後半にかかって、誰しも人生の折り返し地点にいることを感じる年頃である。彼の人生にとっても大きなことが続出した。一九一九年に貴族院書記官長を辞任する。翌年、朝日新聞社の客員となる。次いで、一九二一年、新渡戸稲造からの要請で、出来たばかりの国際連盟の委任統治委員となり、ジュネーブに赴く。この前後、彼の目は北から南へ、そして、山から海へ移る。もう一つの大きな変化、外から内へ、もこのときに起きる。一九一七年には台湾、中国、朝鮮を歴遊し、そして一九二一年から一九二三年まで、ジュネーブまで出かけていった柳田が、このあとぱったり、外国、外地に出かけなくなる。

この、よく外国に出かけていた時期、柳田は仕事の上でも

日本の外に出る可能性を、探っていたと考えられる。一九一七年に彼は自分の主宰していた日本を研究対象とする『郷土研究』を休刊する。そして、このころ弟の松岡静雄が海軍軍人としての経歴から、太平洋の地誌、民族に関心を持ったことにも触発されて、当時のオランダ領インドネシアに興味を寄せ、オランダ語も学び始める。こうした、柳田が自分の研究の範囲をいよいよ外に広げようと思ったことは、この間の沖縄行にも読めるし、国際連盟の仕事もこの時期の柳田の志向性に合っていた。

それが、ヨーロッパから帰国後、この方向性が見られなくなる。むしろ逆に彼は日本の外に研究範囲を広げる前に、先ずは、日本文化が何であるかをしっかりつかむことが肝要である、という思いを強くする。理由はいろいろあろう。きっかけとしてはジュネーブでの仕事の難しさを通して、自分と日本が「国際的」であることの難しさを悟ったことがあろう。柳田と新渡戸の違いはここに鮮明である。また、日本の外地、南洋の文化を知って、彼にとっては、共通性より相違の方が強く思えた、ということもあろう。しかし、もっとも素直な説明は、彼はそれまでも日本の内部に限定してものを考える人であったのが、いくつかの可能性を試してみて、やはり元に戻った、ということだろう。どこに戻ったか、といえば、文化的に同質性の強い、歴史的にも連続性の高い「日本」である。柳田にとって、そうした日本を構想するには北からの要素を除いた、山の要素の薄い、海上の道が人々をこの日本列島に運んで来た、というシンプルな考えが必要だった。

三つの日本、小さな日本

ここで少し柳田の文章そのものから離れて、日本というものをどう構想するか、というテーマをめぐって少し話をしたい。そうした日本イメージの中の、いくつかのプロトタイプの一つとして柳田の考えた日本はあるから。

おおよそのところで話せば、日本が中国の帝国としてのシステムから離れて、東アジアにその存在感を示せるようになった室町の末期から、日本を対外的にどう示して行くか、ということが構想されるようになった。それには一六世紀の西欧の来訪が大きい。戦国時代とは、一方で、バラバラになった日本を縫い合わせていく作業が行われ、他方で、その日本をアジアと西欧に対しどう示していくか、という態度選択が模索されていた。その中で、信長と秀吉と家康はその後現在にまで続く日本のタイプを提出した。

信長の日本は「国際日本（International Japan）」である。キリスト教に寛容であり、西洋の文物を入れることに積極的であり、南蛮貿易も奨励した。秀吉の日本は「大日本（Great Japan）」である。東アジアにおける中国（明）の衰退を見て、それに対して、日本を広げて捉えようとする。その結果は朝鮮への出兵であったが、それは決して彼個人の誇大妄想に発するものではなく、北海道への大陸からの影響の分断という地政学的な判断にも、基づいていたことが知られている。家康の日本は「小日本（Small Japan）」、内側の治世を重視し、対外的には小さなまとまりとしてやっていこうというものだった。「鎖国」は対外的な外交政策であったが、それが日本の内に招来したのは、外からの疫病の襲来もさほど目立たず、飢饉も小規模で、戦争は全く見られない、人口論的には奇跡とも思える、循環型の、持続可能な社会であった。

この三つの型は明治以後の日本にも三つの流れとしてみられる。植民地として列強に食べられてしまわないように図体を大きくしようと計った日本は「大日本」を目指していたのだが、その中でもここにも述べた、国際連盟への参加以降の一時期は「国際日本」でもあったのだ。「小日本」の議論もまた常に存在して、有名なのは戦前の「植民地」を手放すことを主張した石橋湛山の主張である。また、今日の紙幣に肖像が載っている、福沢諭吉、新渡戸稲造、夏目漱石の三人が、それぞれ「大日本」、「国際日本」、「小日本」の主導者と見なすことが出来るのも興味深い。この三つの流れは、常に存在して、また、どれか一つに収斂はせず、それぞれのモデルの価値が現在でも認められている、ということを表していよう。

さて、こうした三つの流れの図式では、柳田は「小日本」の陣営に入るであろう。柳田が敗戦の前後、生気を取り戻したかのようであったことは他のところ（「是からの国語教育」）で述べたが、敗戦が植民地を失うことであったなら、それは柳田にとって、ある意味で喜ばしいことであった、と言えば言い過ぎであろうか。実体的に、まとまりのある、連続性のある日本、が彼にとっての日本であった。敗戦はそれをもたらしてくれた。その日本で使われていることばが、日本人しか使わない言語であって見れば、それは日本語というより「国語」と呼ぶことになる。

こう書いていても、私は柳田の狭量さ、国際性の無さをあげつらっているのではない。むしろ、柳田が四〇代後半のターニングポイントのあと、自分のターゲットを日本に絞ったことに、そしてそれがそれまでの揺れを経ての決意であり、理論家としては、限定的だが明瞭な対象設定をしたことを評価する。『海上の道』はそうした柳田の、外から内へ研究を自制することによって小さな日本に戻って研究の地固めがなされた後に、もう一度眼を南の彼方、外に転じようとした、一種の自己開放の書と読める。しかし柳田個人の生の完結性とは別次元で、彼の日本に関する構想が、戦後の日本の政治、殊に沖縄返還といったスローガンの底部を成したことも、また事実である。

キー・テキスト

農業政策

選ばれた一七本のテキストの中で、最も若い柳田が書いたもの。一九〇七年の中央大学での講義から起こされた講義録である。講義自体がこの文語文の字句通りに発せられたのではなかろうが、現在でも、大学の講義は普段の話し言葉とは違う口調が用いられるように、明治のこの頃であれば、こうした硬質なことばが使われていたのであろう。論じられている食料の生産と輸入の問題は、現在でも日本の基本に関わるし、それは柳田の社会観の基本でもある。

国家の立場より見るも急激なる市場の拡張に因りて生ずる農業経済の動揺を防止すべき必要を見ること多きなり。尤も此議論は一種の仲裁説にして勿論徹底したる理論には非ず。国は固より消費者の希望を無視すること能わず。又縦令消費者が其希望を表示せずとするも彼等が市価の低落を喜ばぬ道理はなきが故に若し漸を以て市価を低くし得るの機会あらば常に注意して之を利用せざるべからず。殊に将来に於て内外不権衡なる国産品の騰貴を防止するの必要あるは勿論なり。唯急激なる変動を避け能うべくは現在の市価の維持に力むべく之を限度とする保護税の制度は或は止むことを得ずと云うべきなり。而して人口が愈々増殖して更に一段の供給を増さねばならぬ場合に於ては自ら解決を異にすべし。国外に低価を以て供給し得べき同種類の農産物の多く存するにも拘らず之を拒みて生産費の多く掛る国内品を増産せしめんが為に市価の騰貴を保障するに足るだけの関税の引上を為すに至りては是れ消費者の既得状態を無視したる政策にしてやはり同様に激烈なる保守的の反抗を招くことは分りきったることなり。然るに現今の保護論者の期する所は頗る此説と同じからず。彼等が主張に依れば若し農業を保護するならば現在の耕地は更に其面積の幾割を増加すべく一反歩当りの穀物の収穫も亦同じく其幾割を増加すべしと称す。例えば米を七千万石とし八千万石として以て人口の増加に応ずることも敢て困難には非ずと云えり。若し此生産増加にして生産費の割合を増すことな

不権衡　釣り合いがとれないこと。

く語を換えて言わば市価の騰貴を必要とすることなくして単に技術上の改良等の力を以て成遂ぐることを得るならば是れ正しく国民の何れの部分に対しても共通に幸福なることとなり。結構千万なり。併し之に反して生産増加の為に更に一段の保護を加うるの必要を喚起すものとせば消費者の側より言えば則ち更に一段の保護を奪い去ることとなりて公平を欠きたる論なり。此の如き手段は即ち二者の利害衝突をして愈々猛烈ならしむるものにして竟には一国の力を以てするも之を調和する能わざるが如き難儀を醸すこととなるべく容易に採用すべからざる保護策なり。

右の如き保護説に対して茲に一の最有力なる勢援を与うる議論あり所謂食料独立論即ち是なり曰く世界の、平和が未だ期し難しとせば四面環海の国に於て食料の如き年々の必需品を外国に仰ぐは甚しく不安なり。英国の如きは広大なる殖民地あり又資本力的に従属せる多くの友邦を有するに拘らず食料品の供給を確保する為には常に無言の裡に海軍拡張を以て国是と為し優越なる制海権を持続するに汲々とせり。是れ全く国として此籠城の用意なくば其命脈を保つことを得ざるが為なり。故に如何なる犠牲を払いても国内の需要を充すだけの食料は平年より之を作り行かずんばあるべからずと。此説は今日に於ても不幸にも尚之を承認せざるべからず。然れども人口の増加は自然のものにして終止する所を知らず。此理論に従えば到底百年二百年後の計を立つること能わず。又食料に於ては仮に独立するを得とするも食料の食料たる肥料に於て亦同時に独立すと云うことは一層の困難なり。輸入肥料は現在既に四千万円の巨額に上れり。此輸入なかりせば我国の如きはやはり其生産を持続するを得ざるなり。肥料の供給に付ては或は将来科学の進歩に依り難問題を解決し得るの時あらん。併しながら之と同時に生産費の問題をも亦近き将来に於て解決し置くに非ざれば段々数少なくなり行く。外国との戦争を憂うるに先ちて国内の二階級間の不断の戦争を患へざるべからざることとならん也。

人口の増加は自然のものにして 柳田がこの講義をしている一九〇七年と比べて、この点だけが現在は異なっている。人口の増加は止まるだけでなく減少も予測されている。しかし、国内だけで食料が供給できる水準まで、人口が減少することを想定するのは、まだ現実的ではない。

柳田国男への

最短アクセス

日本の食糧の問題は、一世紀を経ても変わらない

若き大学講師

この文章は、驚きである。一つにはこれが大学（中央大学）での講義録であること。柳田は一九〇〇年から早稲田大学で農政学を教えるようになったが、その時弱冠二五歳、自身はまだ東京帝国大学の大学院生であった。当時の「帝国」大学と私立大学のあいだにあった「格」差も見てとれるし、日本がまだ若かったこともほうふつとさせる。しかし、今でも大学の非常勤講師が二五、六歳であることはあり得ないことではない。だから、真の驚きは、ここでとりあげた文章に見られる日本語の能力だ。いまの私たちの文語文への距離と、柳田個人の能力の高さを差し引いても、この明治期、たとえば鷗外に見られるような、和漢洋の言語に通じていることの強さと華やかさには驚嘆する。柳田は、おそらく、農政学を多くの洋書によっても学び、こうして漢文脈の日本語で著しているのだ。くわしくは「長兄の境涯、弟達のこと」のところで述べるが、明治のこの時期には、寒流と暖流の交わるところに多くの魚が集まるように、こうした漢文の力と洋学とが、新たなエネルギーと数多の俊英とを生んだと思われる。そうしたものの一例としてのこの文章である。

日本の基本問題

ここで論じられている農業の保護政策の問題は、今も変わらない。農民を保護するのか、消費者を保護するのか。たとえば、戦後、米とオレンジに関して農水省は一貫して、農民の保護政策を取ってきた。ここでの柳田は、保護政策に批判的である。私たちは、その当否は別として、こうした問題や意見の対立の構図が、日本にとって昔からほとんど不変のことがらとしてあることに注意したい。

食糧の問題は人口と食料生産の相対的関係の問題だ。それは自然環境に多くよっているが、文化の問題もないとは言えない。人口を維持する環境を整えるには、土地の広さ、地味、気候といった自然的な条件だけではなく、家族の観念、細かくは、たとえば胎児を中絶することへの考え方、といった文化の条件もあるからだ。しかし、そうして決まってくる日本の基本条件、というものは、一朝一夕には変わらないということがこの文章からもうかがえる。政治体制が変わろうとも、

食糧、飢饉、といった問題に内蔵されている日本固有の条件は、いまだに変わらない。それは、政治イデオロギーの次元よりさらに深い、といえよう。柳田が飢饉の思い出をその行動信念の核に持っていた、と他の章で述べたが、そうした柳田の、日本の固有性に対する自身の縛りとも言える強固な信念が、柳田がイデオロギーを越えて読まれ、また、それは戦後の日本の思想状況の中で、政治イデオロギーの争いの不毛を感じた者に「再発見」される理由である。

また、基本条件が変わらないだけでなく、それへの処方箋にも似たところがある。保護策の底流に、「所謂食料独立論」があるところだ。それに対して柳田は、そんなこと言っても、食料を作るための「食料ノ食料タル」肥料を輸入しなければ立ちいかないのだから独立など元から無理だ、と言う。そもそも外国との戦争を考えての独立論であるが、そのことが生産者と消費者のあいだの戦争を引き起こしたら……というのは柳田らしいレトリックで、その後の日本文化の一体性を強調し、日本社会のまとまりを希求した彼を思うと意味深い。今でもこの独立論は、語られるところだが、それに対して、石油を始めとするエネルギーを外国に依存している以上、どだい無理な話で、自由な貿易が確保されるような努力をした方が、ましである、との反論が出るところも同じ構図といえる。

こうした文章だけを読むと、柳田は消費者の側に立っていて、農民のことをあまり考えていないようだが、そうではない。彼の農務官僚としての仕事の多くは、自立した自営農民を作ることに、そうした農民によって組織される組合の設立に向けられていた。江戸末期の二宮尊徳から始まる報徳会、という農民の組織についても彼は勉強をしている。ただ、そうした行政の仕事が実を結んだか、というと、必ずしもそうとは言えない。比較的に早い段階（一九〇八年、三二歳）から宮内省の仕事を兼任し、のちに貴族院書記官長になるように、農政の実際の仕事からは、外されたと言ってよいだろう。

しかし、この、農商務省の役人としてはあまり成功しなかった、という点は柳田の才能と仕事のかたちを逆に照らし出している。彼は、役人としても、新聞人としてもその容れ物におさまりきらなかった。その末に、在野の研究者、となったわけだが、折口を始めとして弟子達が大学で職を得ていたときに、彼自身は大学に名誉的な職はあっても、常にフリーの立場を取り続けていた。柳田家の恒産と、文筆家としての成功がその経済的基盤を保証していた、ということは大きかろうが、「経済的に恵まれた大学教授」などにならなかったところには、柳田という人の持っている、多くの分野を覆ってしまう力量と、それらのあいだに調停をつけることに真価を発揮する知性といった特質が働いていたのだ、といえよう。

キー・テキスト

人間哀愁の日

格調高い文章、という語も死語になりつつあるが、それはその語が古びてしまっている、というより、この柳田のテキストのような、真に格調の高い文章の方が死につつあるからであろう。関東大震災の二年後、一九二五年に、朝日新聞に論説として書かれた。これは実に見事な文章であるが、文飾の問題ではない。哀愁という語に、それが書かれた真実と書き手の心情があるからで、ここに文は人なり、という思いがする。そしてこれを、いま読むと、先年の阪神・淡路大震災でも、人間の哀愁が同じような形で現れていることに胸を突かれる。

過去満二年間の更に新たなる経験に拠《よ》れば、空前の大打撃を被って、一時放神の状に在った同胞を鼓舞し、速かに其《その》鋭意を回復して再建の努力に着手せしむることは寧《むし》ろ意外に容易なる事業であった。生き残ったる彼等《ら》は、眼前に許多のより悲痛なる犠牲の例を見て、あるいは比較を以《もっ》て、自身の幸運をさえ感ずることを得たのである。平時には曾《かつ》て味わうこと能《あた》わざりし内外の同情は、豊かに彼等の上に降り注いだ。之《これ》に加うるに復興の都市には、人と資本との新たに入込《いりこ》むものが多く、事業界一面の活気は、却《かえっ》て災厄に感謝すべきものあるかの如《ごと》き観を呈し、酔歌高笑の声は、久しからずして再び街路を埋《うず》むるに至ったのである。此《この》間に立って永く悲傷し悔恨することの、無益の不調和に過ぎなかったことは、悲しむ者自《おのずか》ら先《ま》ず之を覚《さと》った。いわんやまた民心振作の為《ため》に、頻《しきり》に之を勧説する者があったのである。

しかも何人も此《こ》の大なる傷痕《きずあと》の既に全治したることを、信じ得る者は無いのである。数万無名の枯骨は帰する処《ところ》無くしてうず高く積まれて居《い》る。愛する肉親の消息を尋ねて、今尚《なお》東西に奔馳《ほんち》する者は多い。富と気力の総体を挙げて、塵土《じんど》に委し去ったる者は言うまでも無い。各人は筆に口に当時の惨状を語りかわして、其印象の最も鮮明なるべきに

酔歌高笑の声は、久しからずして この文章が書かれた一九二五年には「日本一面白い」のキャッチフレーズで講談社から『キング』が発刊され、創刊号は六二万部売れた。モボ・モガというモダンボーイ、モダンガールを指す言葉もこの年から使われるようになる。一九三〇年に、帝都震災復興事業が完了したとして帝都復興祭が行われるが、その年の流行語は銀ブラとエロ・グロ。

も拘《かかわ》らず、特に本日を期して公私数百の機関を煩わし、あらゆる顕著なる宣伝の手段を設けて、国民の注意を喚起するに非《あら》ざれば、あるいは忘却して此日を空過する者あるべきを、恐るるかの如き有様に見える。是《これ》はそも社会の先覚を以て任ずる人々の、不必要なる懸念であろうか。

若《も》し然《しか》らずんば最初罹《り》災《さい》市民等の喪心失意に同情するの余り、力《つと》めて往事の回想を制限せしめ、一身の平安に対して十分の満足を感ぜしめ、禍福の分岐点の此方《こなた》に在る者をして、寧ろ同胞の悲運に拠って、其新機会を打立てしめようとしたことの、やや権変に過ぎたるを思う者がある為ではあるまいか。死ぬ者貧乏と云《い》うが如き没情理のことわざが、時として心無き者の間に口ずさまれるのを実験して、此疑いの必ずしもうならざるを感ずるのである。

此種の人為の忘却は、無論決して回復力の兆候では無いのである。眼前に商人等の活躍する状を見て、二三の国外の旅人が此《かく》の如き歎賞《たんしょう》の辞を発したりとても、軽々に之《こ》れを悦《よろこ》ぶべき理由は存在せぬ。所謂《いわゆる》復興の事業の、此《これ》等小取引と無交渉であったことは、現実が雄弁に之を論証する。二十何万のバラックに夜は電灯を点じても、粉飾し得たる所は僅《わずか》に低き前面のみであって離々たる空地の雑草を除くの外、何物も根を生じて繁栄せんとするものは無く、首都の文明人は二年の間、土くれ石くれの間に、仮初の日を送って居たのである。

此等の不幸は未来の幸福の為に、吾人《ごじん》の甘じて忍ぶべきものなりとしても、其幸福は果して今歩み来つつありや。学問上の予測は徒《いたず》らに公衆を憂悲せしめるのみで、寧ろ其知識の最も不確実ならんことを希《こいねが》うの他《ほか》は無かった。震災は国土の自然に基き、之を防ぐの途《みち》は絶対に無くとも、之を避けるの手段だけは、及ぶ限り多く発見せられねばならぬ。しかも今回の如き大惨害にも、人事の不完全に起因する部分が、甚だ多かったこと

数万無名の枯骨
関東大震災の死者総計一四万二八〇七人。その内、行方不明者は四万三四七六人である。東京、横浜の全戸数の、それぞれ七〇％と六〇％が失われる、まさに大惨事であった。

二十何万のバラックに……
阪神・淡路大震災の時の仮設住宅を思い起こす。また関東大震災後、目抜き通りに建てられた商業施設の中には、後ろまで資金が回らず、前面だけを芝居の書き割りのように新調したものもあった。

を認めながら、未《いま》だ此れが対策の講ぜられたことを聞かず、単に記念の事業として、奮発を説き勤倹を説いて見ても、百年の蓄積が一朝に空《むな》しいことを経験した者には、其効果の大ならざるは自然である。

国民は決して同胞の大不幸に対して健忘では無い上に、今や十分に過去を痛歎するだけの気力を復して居《い》る。願わくは相共に現在社会生活の欠点を討究して、今後絶無を期し難い災厄に面し、悲惨なる出来事を及ぶ限り抑制して見たい。世に災害あり、人に智《ちじ》術《ゅつ》の完《まった》からざる限り、国民が憂い恐るるに何の不可があろう。折から秋風が吹き始めて、雲が飛び虫が泣く。哀愁の此日に際して新たに加わるも自然である。故に来年の此日までには、今少しく賢明なる供養方法を、考えて置きたいものである。

1923年9月1日の関東大震災による惨状。東京神田須田町付近を徒歩や大八車を引いて避難する人の群。写真提供・共同通信社

柳田国男への
最短アクセス

関東大震災から二年経ったとき、そこにある哀愁とは

柳田とジャーナリズム

柳田は一九二〇年、朝日新聞社客員となる。そして、ジュネーブの国際連盟から帰ったあと一九二四年から編集局顧問論説担当となり、その年の七月から、一九三〇年まで六年間、毎週一、二回の社説を書くこととなった。朝日新聞社との関係は、一九四七年まで続くが、この社説を書いていた頃がもっともジャーナリストとして力を発揮した頃であった。元々柳田には編集への興味と才能があった。一一歳の年（一八八六年）自筆の詩文集を編んだ、というのはまた神童の逸話の部類に属するが、それほどまでに、本作り、編集という仕事が好きであった、ということだろう。役所に勤めていた頃も、勤務時間が終わると、役所を編集室と変え、夜の時間を雑誌の編集に当てていたことがある。それほど書くこと、それも、ジャーナリズムの、一般にも向けた文章を書くことが好きだったと見える。新聞の論説も得手の分野であったろう。

全集で二巻分を占める彼の論説はいずれもすぐれた読み物となっている。現在に至るまでの、朝日新聞に見られる知的エンターテインメント、とでも呼ぶべき性格は、夏目漱石にもそうであったように、柳田といった書き手の気質に合っていた。実に多岐にわたる問題に触れて書いている。それらの中で、ここに取り上げたい文章は数多くあった。結果として、この関東大震災後の二年目を期して書いたこの文章を選んだのは、私たちにとってもまだ阪神・淡路大震災が生々しい記憶のうちにある、という、「同時代性」による。

ここに描かれている震災後二年目の東京にただようものは、東京の外観、建物や道路、そしてそのにぎわいを横目で見ながらも、人々の心の内から消えない、あてどの無いような気持と虚脱感、すなわち「哀愁」である。この言葉はここでは、何ら感情を適度に湿らせて慰撫しようとする目的では使われていない。人間の生活の哀しさと愁いが町の空気に満ちている様子を表そうと使われている。一見全ては一応取り払われ、それなりに整えられているような表面の下、町も人の心も、空き地のような空虚感を抱え込んでいるさまを柳田は文に表す。

人間の不幸

私自身は阪神・淡路大震災の地から遠く離れて住んでいて、その様子をつぶさに知るものではないが、震災の後、二ヵ月ほど経った頃、友人を見舞がてら訪ねて行ったことがある。奇妙にねじれて半分倒壊し、いまだ手が着けられていないビルに巨大な「重量」を感じて、ひやっとし、当時の恐怖のほんの片端を味わったのだが、それにもまして心を打たれたのは、神戸の町並みの、富裕なゾーンに比べて、庶民的な区画に倒れた家が多いこと、同じ通りでも大きな被害にあっているのは古ぼけた家屋である、という事実にであった。飢饉の時にそうであるように、災害の中でより多くの被害に遭うのは貧しい、弱い人々であるのだ。

今日私たちは、こうした人間の不幸に、この規模で出会うことはほとんどない。個人の不幸のドラマではなく、人類的な社会的な規模で起こる、たとえば戦争、疫病、飢饉、という、マルサスが著書『人口論』で取り上げた人間の不幸は、日本の社会から消えてしまったのだ、と思っていた。また「貧しさ」ということも克服され、あるのは豊かさの強弱だけだ、と考えていたところがある。それが自然のもたらす災害により、まだ私たちの社会に、そうした不幸とそれを増幅させる「貧しさ」とがあったことが今さらながら明らかになったと思われた。

幼い柳田の心に刻まれた飢饉は戦後の混乱を過ぎるともう聞かなくなっていて、戦後生まれの私も個人的には飢えたことはない。しかし、中国の農村を一九八〇年代に訪ねたとき、その土地に残る飢餓の記憶のようなものを感じることがあった。村の指導者が、淡々と、一九六〇年代初頭の大飢饉のことを話しながら、七百数十人いた村の人口が、一冬過ぎると老人や子供を中心に百数十人減ってしまい、次の冬にもそれは続き、食糧を求めて村から逃亡した人もふくめると、春になったとき、村人の数は四百人そこそこになってしまった、と説明してくれた。秋になって食料が少ない、と気づくと、もう周囲何百キロといった範囲で、食糧が欠乏して、政府はもちろん、誰に頼ることもできなくなり、襲ってくるかも知れない流民におびえながら、冬をじっとこらえて過ごすしかない、というのである。村の中から流民となったものも引くと、村の人口が六割近くに減少してしまった、という記憶が冷厳として残っている。

この時期の中国の歴史でよく知られている、後に文化大革命を引き起こす原因の一つともなったその「大飢饉」について、もっとおだやかな形では、その前から聞いていた。私が大学で指導をしていた中国の留学生から、この時期、彼女の住んでいた北京でも、次第に学校の生徒の中にお弁当を持っていけないものが出てきて、食糧事情が逼迫した、というのだった。しかし、その話には、飢饉ということの決定的な恐怖感が欠けていた。私が話を聞いた村の、今は成功しつつあるリンゴの冷凍貯蔵施設の近代性とは裏腹に、家屋の床下の食糧貯蔵施設や、住居の後ろに広がる乾いた畑の光景を見ると、叙情的な意味ではなく、一つ間違えると、飢えて死ぬ、という切迫した空気が流れていた。

村人が私たちに飢饉の話を語ってくれたのは、何も遠来の客に珍しい話でもてなそうとしてのことではなかった。つい最近に起きた「失敗」をくり返さないために、いま何をしているか、ということの説明としてであった。柳田もこの文章で、不幸をくり返さないために何をしなければならないかを説いている。地震を防ぐ方法はなくとも、そこから起きる災害を避ける手段だけは、「及ぶ限り多く発見せられなければならぬ。」しかし、実際に行われている「復興」とは、哀しい記憶を忘れさせせよう、または自分は運が良かった、今うまくいっている、ということで忘れようとしていることに近い、と警告を発している。「此種の人為の忘却は、無論決して回復力の兆候では無いのである。」そしてさらに、そこには、「死ぬ者貧乏」といった「没情理」、無慈悲といってよいことばで人間の不幸を不運に取り替えて忘れ去ろう、とする傾向すらあるという。この時から二〇年後に起きた戦災の時にも、空襲で焼け出された人をさげすむ目があったことを聞いている。そしてこうした不幸への差別すら無化するように、私たちにもたらされる災害の真に無慈悲なところは、そうしてさげすんでいた人がさらに続く空襲でほとんどが被災民となったことであった。

柳田のことばを言い換えれば、忘れる能力よりも思い出し続ける忍耐力を、ということになろう。それはまた、私たち日本人の、歴史意識にも大きく関係している。自分にふりかかった災厄だけでなく、自分たちが与えた災厄にも、記憶の忍耐力がないこと。柳田がこの一文で指している欠陥の根は深い。

くり返す同時代

この文章をここに取り上げた第一の理由は、先にあげたように、阪神・淡路大震災が、いまだ私たちの同時代的記憶の中にあるからである。地震は人間の歴史と関係なく起きるから、災害を避ける手段が完全なものにならない限り、そうした「震災後」という時代はくり返される。このくり返しの感覚がまた、私たち日本人の円環的歴史意識、どこかに進んでいくのではなく、同じようなことがくり返される、という感覚の一部を構成しているに違いない。

この関東大震災は、一時代を画した。この震災を境に、東京は、近代の別の状況に入った。都市としての、道路や地下鉄、商業施設などのインフラが整備され、一種の復興のブームが到来した。モボ、モガ、カフェといった、新たな風俗が生まれた。この間の東京がもたらした享楽的な側面の変化は、永井荷風の日記、『断腸亭日乗』に克明に描写されている。

柳田自身の、本書の他の章で取り上げた『明治大正史世相篇』も、昭和初年の時点から、震災を境にしたそれ以前の日本社会の変化を論じたものだが、震災後に一層その変化を大きくするものが多く取り上げられている。スポーツの隆盛しかり、「外で飯食う事」しかり。昭和初年には一種の表面上の豊かさが少なくとも東京には出現する。それが大恐慌、大凶作によって、一頓挫するのだが、再び、中国との戦争の開始によって軍需景気がもたらされ、一時の景気上昇が起きる。

戦前は暗黒時代のように歴史教科書には書いてあるが、昭和の初めから戦争が激化するまでは、実はよい時代であった、と、当時に生きた人が語るのが、新たな「教科書」のようになりつつある。その時代にある程度の金と地位を持って生きていた人々にとってはその通りであったろう。商店主、軍人、景気の良かった会社の社員の家族など。しかし、そうした都市的な楽しさを支えていたのは、地方から流入する貧困層であったことも確かで、そうした人々がどの程度その「よき時代」を味わったのか、疑わしい。

この震災から第二次大戦の敗戦までの二十数年間は、社会も景気もアップ・ダウンをくり返していたのだが、その底辺には、柳田がここで言う、「哀愁」が流れていたと私は考える。そのボトムラインからの離陸を、災厄の忘却と、「禍福の分岐点の」外側にある者の切り捨てによって行っていたのが、最後は太平洋戦争という大崩落で終わった、というのが真相であろう。

この大正一四年の論説に描かれたことは次第にその後の復興によって覆われてしまったかのようだが、そうした種類の昭和の繁栄が、経済的にも、政治的にも、その後の恐慌と戦争とを回避する力にならなかったことは、この社説と共にあらためて肝に銘じておきたい。

柳田国男を開く

キー・テキスト

長兄の境涯、弟達のこと

すでに、第Ⅰ章で、このテキストが収められている、『故郷七十年』は紹介した。この自伝は、淡々と、しかし遺漏なく、世の移り変わりと、柳田の人生の変転を書き、しかし、それでも変わらぬ「柳田国男」という人をそこに見せている。振り返って、他の兄弟を書くとき、とりわけ、長兄をめぐる柳田の幼少の頃の思い出には悲しいものが多いが、それが、このテキストにある、貞明皇后のエピソードで救われる。明治という時代の、経済開発ならぬ「人材開発」とでも名付くべきドラマがここにはある。

私一人だけはどういうものか酒を飲まないが、兄弟は皆酒を飲んだ。中でも長兄だけは、どちらかというと酒癖が悪い方であった。面白くないことがあると余計飲む、するとひごろは用心深くていわないようなことも口にする。外で人に迷惑をかけると、それっきりになってしまうこともあるが、家庭でそれをやると、いつまでも後味が残ることになる。おまけに少し飲みすぎると、翌日から寝てしまう。そのうち少し大患いしたことなどもあって、物心つく年ごろの私は、私なりにいろいろのことを考えてしまった。兄は、もう一人井上の次兄があったが、他家へ行ってしまっているし、長兄には子供が三人もあるのに、こんなに不養生で、身体が弱いとすると、両親を抱えて、私としても考えなければならないと思うようになった。もともと私は医者は嫌なのだが、一家を背負ってゆくためには仕方がない。万一の場合は医者の開業試験ぐらいは受けられるようにしておこうと、そんな悲愴な決心まで子供の私はしたのであった。その後兄はねることもよくねるし、飲むこともかなりよく飲んだが、それでいてだんだん大人しくなって、幸いなことには、とうとう七十五まで生きながらえた。

医者の方もなかなか繁昌して、万事が思うようになるので、一時は政治に興味をもち、千葉の県会議員になったり、一期だけではあったが、布佐の町長を勤めたこともあった。

その町長になった時の記念として、面白いことに兄は利根川にはじめて橋をかけて、千葉の布佐と対岸の茨城の布川とを結びつけた。まるで布佐町長の兄の便利みたいな長い橋が、昔からあった有名な渡し場にかかったわけである。ちょうど茨城の方から成田鉄道の停車場にゆく道になっていたので、私共のおった布佐の近所がずいぶん繁華になった。橋の名は「さかえ橋」といい、これは井上の兄が県境だから境橋と名づけたのだが、あの地方のイとエの発音の混同から村議会でサカエに訛ってしまったものだとか伝えている。今もこの橋は残っていて、私は橋を渡ったり、写真を見たりするたびに、長兄の一生というものを思い出すのである。一生を酒を唯一の慰めにして、他郷にいる寂しさを逃れていたのが、兄の境涯であった。

これは少しも自慢にならない逸話なのだが、あるとき貞明皇后さまに、人がわれわれ兄弟のことを、「あそこは四人兄弟がありまして、それぞれ何か仕事をしております」と申上げたところ、「もう一人、上のが田舎にいるはずだ」と仰言ったという話が伝わっている。それを聞いた兄は非常に感激し、「それでもう本望」と、それこそ涙滂沱として喜んだのであった。自分は弟どもの世に出るのを裏から助けて、一種の犠牲になったような感じを秘かにもっていたのに、図らずも、その自分に玉の御声が掛けられたと感激して、非常に生きる張り合いを覚えたわけであったろう。

貞明皇后
大正天皇の皇后。文展（文部省美術展覧会）で皇后が、松岡映丘（輝夫）の絵をご覧になっていたときのエピソードである。

静雄は、私がまだ大学にいる間に兵学校を出て士官となり、遠洋航海も済ませていた。そして日露戦争の時は、新参の大尉で千代田艦の航海長をしており、仁川沖の海戦に加わった。千代田が囮《おとり》になって湾内にじっとしているので、ロシヤの軍艦ワリヤークという六千何百トンのと、ずっと小さいコレーツという二隻が油断している間に、沖から他の日本軍艦がしのんで来て、夜明けに二隻を沈めてしまった。そのため国内の人心もふるい起ったので、静雄も大変な功労者となり、金鵄勲章をもらった。海戦前夜、いつ死ぬかも知れないからといって、非常に長い手紙を書いてよこしたが、それが戦争が終ってから私のところにとどくということもあった。この戦で、静雄が親しくしていた岩瀬という機関大尉が、他の人はみな戦死したのに、一人だけ捕虜になり、旅順に捕えられてしまった。後からきけば何度か自殺しようとして、その都度抑えられたとか。香という姉さんが嫁にもゆかずに、一生を犠牲にして育てた弟であったとか。この姉さんはかなり年をとるまで生きていたので、私もたびたび訪ねてやったことがある。

静雄は私より早く社会に出たので、月給の一部を私に呉れたこともある。私は「兄さんに小遣をくれたのはお前ばかりだ。名誉なことだ」などと冗談をいったりしたものである。

京都で一人で勉強をし、ぎりぎりの若い齢で兵学校に入ったので、同級生は二つ三つ年上の者が多かった。

私ら兄弟、長兄と次兄の二人はそう露骨にあらわしはしなかったが、私以下の三人は皆凝り性と、人のやらないことをやってみようとする野心と、負けん気というような性癖をもっていた。末弟の輝夫は比較的おだやかな性質であったが、それでもやはり自分の好きな方へ偏り勝なところがあった。

末弟の輝夫は、小学校、中学校時代から、年下の友だちを集めて、何となく親分になろうとするようなところが早くから現われていた。これは静雄とは正反対の性質であったが、私自身の方は、どちらかというと、この輝夫の方に近かった。

金鵄勲章
旧日本陸軍で、特別の武功のある者に与えられた勲章。

年下の友だちを集めて、何となく…
末弟の輝夫、松岡映丘は、さまざまな会を組織したが、中でも、美術学校での教授の職を辞めたのちに始めた国画院は、顧問に政、財、官、軍部の有力者を迎えた強力な組織であった。彼の弟子には、橋本明治、杉山寧、高山辰雄という、その後の日本画を代表するものたちがいた。ここで面白いのは、柳田が続けて、「これは静雄とは正反対の性質であったが、私自身の方は、どちらかというと、この輝夫の方に近かった」と親分肌であることを自認していることである。

井上の兄は橋本雅邦さんと親しかったので、早くからこの人に輝夫のことを依頼した。雅邦さんは家内中が眼を悪くされたので、次兄が良く世話をしてあげ、大変親しくしていた。あるいは兄の方では、ゆくゆく弟のことをお願いしようという下心がいくらかあったのかもしれないが、ともかくその縁故を辿ってお願いしたところ、快く引受けて下さった。こうして輝夫はまず初めに雅邦先生のお弟子にしてもらった。ところが、どうも雅邦先生の所では落着かないらしく、自分で土佐風の絵を描いてみようという気持を起したのは、やはりどうも松岡流の、何か人と違うことをしようという気持があったからであろう。先生の所を出て、そのころ美術学校の先生で、土佐派の山名貫義さんという年とった先生の所へ入門した。しかし、その先生も間もなく亡くなり、輝夫もちょっとまごついたらしいが、もう一度雅邦先生の所に行くわけにもいかず、そのころまだ新進であった小堀鞆音さんにつき、美術学校の試験をうけた。鞆音さんは後にはずいぶん偉い先生になったが、そのころはまだそれほどでもなかったらしい。

柳田国男とその兄弟。1911年頃。前列右端が柳田国男。左へ、次弟松岡静雄、長兄松岡鼎。後列右から末弟松岡輝夫、鼎子息、次兄井上通泰。

柳田国男への

最短アクセス

松岡家五人兄弟の「出世」にみられる、明治のさまざまな顔

子沢山と出世

明治維新は、江戸幕府から維新政府への政治体制の変化をもって語られることが多いが、それは人類史からいえば、農業文明から産業文明への「革命」でもあった。この産業革命がもたらした非常に重要なことの一つは、人口の増大である。農業文明の社会では、人間の出生数の増加に対して食料生産の上昇が追いつかないため、戦争、飢饉、疫病、という災因によって人口が急に減少する、というくり返しが常に起きていた。そうした農業文明の中の特異な例として、江戸後期の日本は、もう一つの例外である英国と並んで、人口の出生率と死亡率とを共に低く押さえることで、人口を安定させていた。そこに、開国による外からの技術移入などの刺激によって産業が急激に勃興し、農業の生産力も上がり、死亡率は相対的に低いまま、子供を沢山産んで出生率を上げることで、その人口は急激に増大した。

柳田国男の兄弟はちょうどこの歴史的な変わり目に、彼を入れて男ばかりの八人がこの世に生を受け、その内二人は幼少にして死に、一人は若くして病死したが、残る五人は成人し、永らえた。柳田の生家である松岡家の五人の兄弟、というのは、その子沢山ともいえる数において、産業革命の落し子といってよいだろう。

しかし、松岡家の兄弟は単に数が多いだけではなく、それぞれがそれぞれの「出世」を果たした、という点でまた、明治維新の申し子といってもよい。この柳田の文章にあるように、長兄の鼎は医師となり町長を務め、次兄の井上通泰も医師にして名だたる歌人、山県有朋に信頼された人であった。また次弟の松岡静雄は海軍軍人となり、後に太平洋諸民族の研究、次いで国文学へと進み、末弟の輝夫は松岡映丘と号して日本画壇の重鎮となり、門下に橋本明治、高山辰雄、杉山寧といった人々を輩出した。

こうした人物を生み出した松岡家は、ごく普通の、慎ましい、医を業とする家柄であった。柳田の言葉を借りれば、「日本一小さな家」ということだが、これには彼独特の文飾とユーモアが混じっていて、それは小さいながらも四畳半の部屋が二つに三畳の部屋が二つあり、これより小さな家は日本にいくらもあったろう。しかし、この家に、親子五人だけ

が住んでいるときはよかったが、外から嫁が入ってくるとなると、そこに生まれる心理的軋轢は、この家をずんと、小さくしたはずだ。長兄の最初の二人の嫁は、伝わるところによれば嫁と姑との不和でいずれも離縁され、ことに二人目の嫁はそのことで入水自殺をした。そうしたことが、柳田の「日本一小さな家」という言葉には込められている。後年、柳田が、日本社会が「大家族制」であったという説を、民俗学的に間違いとし、また取るべき社会制度としても激しく否定したことには、この記憶が大きかったろう。

柳田の父と母は、柳田が二一歳前後の時に亡くなるが、その前に柳田は父と母の元を離れている。最初は一〇歳の時に近くの家にあずけられ、一二歳になって、すでに医師となって遠く茨城県で開業していた長兄のところに身を寄せた。その後、一五歳の時に、今度は東京でやはり医者となっていた次兄、井上通泰のところに引き取られることとなる。後になって彼はやはり他家、柳田家に養子として入るのだから、少年のころから親元を離れ（一時、長兄のところに父母が合流して一緒に住むが）、いろいろな家を渡り歩いていたのだった。

こうした家から家へと移っていく「流動性」というのは、嫁いでいく女ならずとも、男でも、日本には元々養子の慣行が盛んであったから、珍しいことではなかった。ただ、明治の前半には、江戸期の土地や藩への帰属が一気に崩れたことで、また離れた場所での就職、就学ということが加わり、生地を離れ他の地域、特に中央に吸い寄せられていく流動性が高まっていた。

出世とは、そうした地理的移動のメカニズムが、社会構造の中に現われたものである。笈を負って故郷を離れ、身を立て、世に出ていく、というパターンが明治に早くから出来上がる。それは、つい最近まで私たちの社会の活動源であった。いや、今でもそれは存在するのだが、大いに変質しつつある。地理的流動性が、交通と通信の技術（「新幹線網」、また「インターネット」）によって、高いレベルで、かつたやすく確保されるとなると、行動可能な範囲は飛躍的に広がって、住む場所を動かさなくても済むようになる。Uターンと呼ばれる、故郷に戻る逆の現象も珍しくなくなってすでに久しい。そのことは、社会的移動としての出世にも大きな影響を与えている。まず、交通と通信の技術は、出世の魅力とそのチャンスを地方にも分散させて、地理的に中央に出てこなくてもよいことになってくる。そして、そもそも中心、たとえば「東京」にある富、権力、栄光といったものを、交通と通信の技術で、若者が予め知識として知ってしまうことで、出世というものの価値が相対的になる。おそらく、出世というものの持つ運動性が近い将来全く無くなることはないだろうが、この明治期に発した近代日本の原動力となった「出世」という欲望は、もはや正面切って口にするのは恥ずかしい、時には人を蹴落として、というマイナスのイメージが付されたものになって来ている。

しかし、この柳田の文章が入っている『故郷七十年』という本全体、柳田の出世のストーリーが通底しているが、そこに嫌みはない。子沢山ゆえの貧しさと、将来への希望のために故郷を離れざるをえなかった少年が、多くの人と出会い別れ、自分の世界を作っていく一代記、として、感動的である。司馬遼太郎ならずとも、明治とはそういう時代だった、と言いたいところである。

「学び」を学ぶ

その、明治とは、というところをもう少し考えてみたい。

松岡家五兄弟はいずれも出世をしたのだが、それはなぜ可能だったのか。松岡家の成り立ちと、五兄弟の軌跡を見ると、一つのことが浮かび上がる。五人とも、この近代日本草創期の「教育体系」の中で、出世の糸口をつかんでいることだ。

上の二人は医学を修め、医者となる。長兄の鼎は二六歳で東京大学医学部別科という速成機関を卒業し、二番目の井上通泰は、二三歳で、東京大学医科大学を卒業する。この通ったコースと、医者となった年齢の違いには、長兄が貧しい家のトップバッターであったことの不利があったろう。次兄は井上家というところに養子に入り経済的にも恵まれたのに対し、長男は、松岡家の家督を継がねばならぬと共に、十五も年少の弟である国男、静雄、輝夫らを養育する責任も負わなければならなかったのだ。国男はその二人の兄から援助を受け、病弱と転居続きもあって進学の年齢はやや遅れたが、一高、東大とエリートの道を進み、二五歳で卒業することが出来た。のちに国男が養子に入ったのには、まだ井上通泰と同じく経済的理由があったろう。しかし、その下の静雄、輝夫になると、すでに世に出ていた兄たちの庇護の下に、養子に行くこともなく、静雄は海軍兵学校に進み、首席で卒業し、輝夫は東京美術学校の日本画科を、やはり首席で卒業したのだった。

こうした学校エリートとなることは、江戸時代の身分制が崩れた当時の日本では、誰もが目指す出世のコースであった。その中で松岡家の五人がそろって出世に成功した背景には、知能が元々高いといった「遺伝子」のこともあろうが、家代々の漢学の伝統、ということがあるだろう。大儒の家柄、というのではない。しかし、国男の祖母の小鶴は女ながら近隣の子弟に漢学を教授するほどであり、その息子、国男の父の操も姫路藩の藩校で漢学を学び成績優秀であったという。五兄弟も小さいときからその雰囲気の中にあり、読書をよくした。

こうした家は日本にたくさんあったろう。だから私はここで、柳田国男、そして松岡家を例外として語っているのではない。（推し量るに素質としてはかなり例外であったとは思うが。）指摘したいのは、漢学というような、まさに明治維新後の社会変化の中で駆逐されていった知識体系を学ぶことで、その知識自体はあまり助けにならなかったかもしれないが、「学ぶ」という方法自体を修得したことが大きかったろう、ということだ。おそらく外国語を学ぶ際には、漢文の素養は直接よい影響を与えたろうし、それだけにはとどまらないと考えられる。湯川秀樹氏と、その、いずれも高名な学者となった兄弟の育った家が儒学の流れから出ていることは有名だが、そうした学びの伝統が、湯川博士のように物理学を究めるのにも力を発揮したと考えると実に興味深い。他にも大正、昭和のいろいろな分野で活躍した人に、松岡家のような、貧しい儒家、医家といった家から出た人は多い。

前の時代の素養が反古にされ、新しい知識と体系にとって変わられることはあるが、ちょうどその境に生まれた人々は、いわば、「一身にして二世を経」ただけでなく、可能性としては二つの時代の知識体系を共に手にすることが出来る。柳田のような、そして少し上の世代では森鷗外のような知的巨人は、その持って生まれた知の容量の大きさをもって、そうしたことを成し遂げたのだ、といえよう。

松岡家の五兄弟が、漢学の素養を持っていたことは他の点にも表れていて、井上通泰も松岡静雄も、医者、軍人であるだけでなく、後半生は、文学的な学問の道に入っていく。それはまた、松岡静雄などに典型的なように、同期のトップでありながら、海軍は大佐を最後に予備役に入る、といった失意からの第二の人生の仕事であった。そういえば、柳田も同じく、役人としては、途中で失脚した、といってもよいかも知れず、このあたりは、確かに、「いくらか群に異ろうとする」共通の癖かも知れない。

しかし、失意といえば、柳田の長兄のことを言わねばならないだろう。柳田の文章に、突然のように静雄の友人、岩瀬大尉の姉の話が出てくるが、これは柳田の心の中に、兄、鼎と重なる人物像として、何度となく去来したものであろう。その兄、とは、弟のために犠牲となって、貞明皇后に「もう一人上のが田舎にいるはずだ」と言われたことを聞き、「涙滂沱として喜んだ」ような人間であった。柳田が書くように、長兄には、長男として下の兄弟のために、一生の方向と、到達する地点の距離までが短く決められてしまった、という屈託があったろう。「明治とはそうした時代だった」としたら、それは柳田国男を生んだが、その陰に松岡鼎や、岩瀬大尉の姉もいたのだ、という意味においてである。

コラム 生涯八十七年

八十七年、という生涯はやはり長い。晩年だいぶ弱って、記憶力も減退していたとはいえ、最後まで講演などをして現役で仕事を続けていたので、彼の現役生活は、少なく見積もっても、六十年になります。「本に埋もれたる人生ある事」では彼の蔵書について書きましたが、その六十年のあいだに出した著書だけで、百を優に越します。編著であるとか、彼が関わった本まですべて集めれば、それだけで柳田は埋もれてしまうでしょう。晩年、自分の全集の編集現場で、自身が書いたものを前にしての一言、「寂しかったんだね」は自分を評しての名言です。

　しかし、かねてからの私の疑問は、柳田はそれだけ書きながら、戦前、戦後を通じて仕事をした人の中で、例外的に、「戦後の全集」には収められない、という「恥ずかしい」ものを戦前、戦中に書かなかったのはなぜか、ということです。神国万歳、鬼畜米英の類のスローガンを、パラフレーズしたような文章を書かなかったのです。このことの理由を考えるのは興味深い。

　普通考えられそうなことは、もとより、柳田は近代の国家主義的なる視点からではなく、より歴史のリズムの長い「常民」の視点で書いていたために、一時の、短いリズムの狂乱に惑わされなかった、というものでしょう。しかし、「民衆」とか「民俗」といったことは、国家のアイデンティティに結びついて、国家主義的物言いで語られやすいことなのです。私の考えでは、むしろ、まず国家の官吏としてその経歴を始め、それをやめてからも、「日本人」の幸福を心に願って仕事をしていた柳田は、柳田自身の納得のいくかたちでは、常に「国家主義的」であったのです。ですから、昭和に入って、急に皆が国家と国家の利益に危機感を持ったときにも、そのことに急に心を奪われたりすることではなかったのです。これが第一の理由。

　第二の理由が、昭和一五年に柳田は、六五歳。著述家としては、すでに自分の仕事ではかなり充足していた。それでも書くことは、すでに彼の第二の本能で、続けていたのですが、恒産もあり、生活を支えるために出版の機会を求めてがつがつするような必要はなかったのです。こうしたところは小説家でいえば、四つ年下の永井荷風とよく似ていて、戦時中に書いたもの（たとえば柳田の『先祖の話』）が、戦後出版されるところまで二人は似通っています。もっとも生活態度などは真反対で、それゆえにこの、戦前、戦中に「恥ずかしいもの」を書かなかったことでの二人の類似は特徴的です。

　第三の理由が、すでに「海上の道」のところで述べましたが、「日本人」以外を含まざるを得ない「帝国日本」が、彼の日本観と異なっていて、心情的には戦前、戦中の日本帝国の動きとは離れたスタンスでいたことが挙げられるでしょう。

　柳田はこうして、すでに書いたように、戦争をはさんで、「二世を経た」のではなく、いつも二世を生き続けた人なのです。私は、お札の肖像に、柳田が選ばれることは近い、と思います。何しろ、こうした理由で、「傷がない」文化人なのですから。

あとがき

初めて一人で本を書きました。今まで関係した本は全て他の人と一緒に書いていて、「自分の本」というのが無いのです。学生に、先生は本を出さないのですか？　と聞かれて、これ以上世の中のムダを増やしたくないので、などと生返事をしていましたが、要するに、本を出そう、という情熱が足りないのです。

その点からすると、柳田は異様です。こちらも「さみしかったんだろうね」と呆れるほど書いています。それを全部読んでみようと思い立ったのは、一九九四年のことで、大学でゼミを開き、半年間で『定本柳田国男集』を読み了えました。この本にある議論のかなりがそこで生まれたものです。そのときの参加者に感謝。

しかし、感謝といえば、学生時代からの旧友、筑摩書房の児玉浩之さんです。こちらはしがない大学院生の頃、すでに輝かしき編集者で、「船曳は放って置いてもどうにかなるから」と、見捨てられていたのですが、放って置いてもどうにもならないのを見て、「一冊くらい本を書け」と声をかけてくださいました。ありがとう。あなたが研究室にいらっしゃるたびに、原稿を書けなかった言い訳をひねり出していた日々が今では懐かしい。

二〇〇〇年九月

船曳建夫

船曳建夫（ふなびき・たけお）1948年、東京生まれ。文化人類学者。1972年東京大学教養学部教養学科卒。1982年ケンブリッジ大学大学院社会人類学科博士課程にてPh.D.取得。現在、東京大学大学院総合文化研究科教授。文化人類学のフィールドワークを、メラネシア（ヴァヌアツ、パプアニューギニア）、ポリネシア（ハワイ、タヒチ）、日本（山形県庄内平野）、東アジア（中国、韓国）で行なう。編・著書に、『現代の社会人類学』（東京大学出版会、1987年）、『国民文化が生まれる時』（リブロポート、1994年）、『知の技法』（東京大学出版会、1994年）、『新たな人間の発見』（岩波書店、1997年）、『親子の作法』（ベネッセ・コーポレーション、1998年）、『文化人類学のすすめ』（筑摩書房、1998年）などがある。

快速リーディング 2

柳田国男

2000年10月25日 初版第1刷発行

編著者 — 船曳建夫

発行者 — 菊池明郎

発行所 — 株式会社筑摩書房

東京都台東区蔵前 2-5-3
郵便番号 111-8755
振替 00160-8-4123

装幀 — 安孫子正浩

印刷 — 中央精版印刷株式会社

製本 — 中央精版印刷株式会社

ISBN 4-480-84282-9 C0039

ご注文・お問い合わせ、および落丁・乱丁本の交換は下記宛へ。
〒331-8507 大宮市櫛引町 2-604 筑摩書房サービスセンター
TEL 048-651-0053